知的生きかた文庫

「この差」って何だ？

曽根翔太

三笠書房

はじめに

人生には様々な分岐点があります。

これからの人生を大きく左右する選択から、「今日の夕飯は何を食べようか」という日常の些細なひとコマまで、その分岐点は無限に広がっています。それらの選択の大半は、無意識のうちに行われていることでしょう。しかし人間は誰しも、損をしたり嫌な思いをするマイナスの選択肢を、無意識のレベルで避けているものです。つまり、あなたがその時に感じた最善の選択を自然と取っているのです。

しかし、その選択を後々になって後悔することも珍しくはありません。それでは、選択の際に後悔をしないためにはどうすればいいのでしょうか。

そうです、予め知識をつけておくことです。

本書は、日常生活を送るうえでよく目の当たりにする素朴な「何が違うのか」という疑問をテーマに、様々なアレとコレの違いを解説しています。

例えば、子どもが成長したら「幼稚園と保育園」のどちらに通わせるべきでしょうか。就職や転職活動で、「週休2日制と完全週休2日制」では働き方に大きな違いがあることを理解していますか。住宅や自動車の購入に付き物のローンで「保証人と連帯保証人」の違いを知らないと、大きな痛手を受けるかもしれません。

「イルカとクジラ」や「ブロッコリーとカリフラワー」、「ゴルフ場とカントリークラブ」の違いなど、中には人生の選択肢に直接影響しない知識もあるかもしれません。しかし一見どうでもいい知識を持っているか否かで、他人に与える印象が大きく変わることからも、全く無駄な知識は存在しないと私は信じています。

人生のあらゆるイベントで、「違いについての知識」は強力な武器になります。知力の向上は、人生に決して損をもたらしません。本書を手に取り、読み進めるという選択は、あなたにとって最善の選択肢であることは間違いないでしょう。

曽根 翔太

第1章 身の回りのこと

賀正
謹賀新年

第2章 自然と生き物

SHIRO
KURO

第3章 食べ物や飲み物

DROP

LAGER
BEER

第4章 社会の決まり

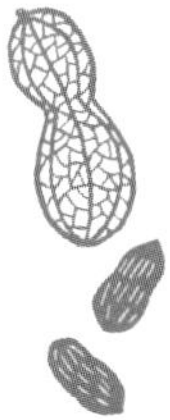

NEWS

第5章 言葉

第6章 スポーツや人体

本文イラスト／BOOLAB.
本文 DTP ／株式会社 Sun Fuerza

第1章

身の回りのこと

「カフェ」と「喫茶店」

明確な違いは、営業許可にあります。

飲食物を提供するお店を出店する場合、必ず食品営業許可を取得する必要がありますが、その中で、カフェは「飲食店営業許可」を、喫茶店は「喫茶店営業許可」を取得する必要があります。

飲食店営業許可とは、その名の通り飲食物を提供するお店に必要な許可証です。大衆食堂からバーまで、幅広く適用されます。そのため、**アルコール類がメニューに含まれている場合はカフェであるといえます。**

対して喫茶店営業許可とは、アルコール類以外の飲み物とトーストや出来合いの軽食を提供するお店に必要な許可証になります。すごくオシャレな雰囲気でも、アルコールの提供がない場合は喫茶店の可能性があるのです。

ただし、これらの許可証には店名に「喫茶店」と付けられるか否かの強制力はありません。飲食店営業許可を取得して「喫茶店」と名付けてもいいのです。

「焼く」と「炒める」

最もポピュラーな調理方法として「焼く」と「炒める」があります。

どちらもフライパンなどを使って火にかける調理方法です。食材を火にかけることに違いはありませんが、両者は明確な違いが存在します。

「焼く」とは食材を火にかけて調理することです。何のひねりもありません。フライパンなどの調理器具を使わずとも、直接火にかけて炙《あぶ》ることも焼くと表現します。焼肉や焼き魚などに代表される一般的な調理方法です。食材の中までじっくり火を通すことが「焼く」とされることもあります。「世話を焼く」など、調理方法以外の言葉としても使用される場合があります。

「炒める」は「焼く」に比べると若干の手間がかかります。**「炒める」とは、フライパンなどの調理器具に少量の油を使用し、食材同士がぶつかるように混ぜたり、焦げるのを防ぐためにフライパンを揺さぶりながら火にかけることをいいます。**

この定義でいえば、焼きソバは炒めソバということになるのかもしれません。

「滅菌」と「消毒」

菌（細菌）と聞くと良いイメージを持つことはあまりないかもしれません。食中毒の原因となる大腸菌やサルモネラ菌などが思い浮かぶでしょう。

しかし菌には体に良い働きをするものも存在します。ビフィズス菌などが有名なところです。体に良い菌を「善玉菌」、悪い菌を「悪玉菌」と呼んだりします。

「帰宅したら、まず手洗い、うがい」と言われますが、薬用石鹸やうがい薬には殺菌・消毒、絆創膏やガーゼには滅菌と記載されている場合があります。

これらの違いは、殺す菌の対象や程度に対する考え方です。

殺菌は対象や程度を含まず「菌を殺す」という考え方です。一部を殺しただけでも殺菌です。殺菌は滅菌と消毒に分類できます。両者の違いは、**滅菌は対象の菌を区別せずに全て殺すこと、消毒は病原性のある菌を殺すことです。**

ちなみに、抗菌や除菌は菌の増殖を防ぐ、取り除く点を重視しています。

「多角形の鉛筆」と「丸い色鉛筆」

鉛筆は六角形や四角形などの角ばったものが多いのに対し、色鉛筆はほぼ全てが丸い外見をしています。これはそれぞれの利用用途を考えてみるとわかります。

鉛筆の利用用途のほとんどは、文字を書くことにあります。その際、**3本の指を使って鉛筆を握るため、構造的に三角形や六角形などの多角形が握りやすいのです。**

色鉛筆は鉛筆とは違って、顔料を固めて作っているため非常に折れやすいです。そのため、**外見を丸くすることで中心の芯までの距離をどの角度からでも一定にし、芯を折れにくくする工夫がされています。**色鉛筆の用途は色を塗るために使用することが多く、必ずしも3本の指で握る必要がないため、丸いデザインを採用しているという意味もあります。

現在ではシャープペンシル型の色鉛筆もありますが、この場合は強度を増した焼《しょう》成芯《せいしん》が使われていることが多いようです。

「アンティーク」と「ヴィンテージ」

アンティーク家具はあってもヴィンテージ家具というのはあまり聞きません。逆にヴィンテージワインはよく耳にしますが、アンティークワインという言葉は聞いたことがありません。

「アンティーク」の語源はフランス語にあり、古美術品や骨董品という意味です。**一般的に完成から100年以上の時間が経ち、かつ値打ちが非常に高いものがアンティーク品とされます。**

一方の「ヴィンテージ」(英語)の語源はフランス語で、さらに遡るとラテン語に由来します。その意味は「ブドウの収穫年」なのです。

これが転じて、できの良いワインをヴィンテージワインと呼ぶようになりました。さらに**「できの良い当たり年」に作られた値打ちのある作品をヴィンテージ品**と呼ぶようになり、ワイン以外にジーンズや楽器にもヴィンテージと付けられるようになったのです。

「シェフ」と「コック」

「お客様、シェフがご挨拶をしたいそうです」

高級レストランではこんなシチュエーションがあるとかないとか。シェフは登場してもコックが登場してくることはありません。

二人の立場の違いはあるのでしょうか。

そもそも「コック」とはオランダ語の「Kok」が語源で、英語では「Cook」と書きます。「クッキング（Cooking）」という言葉があるように、コックには「調理する」という意味があります。つまり、**「コック」とは食材を調理する人のことを指します。**和食の場合は「板前」と呼びます。

そして**「シェフ」とは、厨房で他の料理人を統括する人を指します。**つまり、料理長のことです。厨房の「チーフ」や「リーダー」を意味するフランス語「シェフ・ド・キュイジーヌ」を省略したものが語源となっています。和食の場合は「板長」に該当します。

「不良」と「非行」

未成年の少年が悪さをすると「不良少年」や「非行少年」と呼ばれます。他にも「非行に走る」と言いますが、「不良に走る」とは言いません。

「非行少年」とは、罪を犯した少年のことです。 犯罪を行い、刑事処分を受ける必要がありますが、未成年のために罰することができない少年を「非行少年」といいます。

対して **「不良行為少年」とは、国家公安委員会規則によると「非行少年には該当しないが、飲酒、喫煙、深夜はいかい、その他自己又は他人の徳性を害する行為をしている少年」とあります。** 未成年の飲酒、喫煙は法律で禁じられてはいますが、これは刑法ではないため罰則規定が無く、未成年がお酒を飲んでも刑事処分は下されません。そのため、これらの行為は不良行為とされます。

しかし、めでたい席だからと親戚の未成年の子にお酒をすすめた場合、その場にいた本人の親は止めないと罰せられます。

「床屋」と「美容院」

年配の方向けの昔ながらの「床屋」と、若者向けの「美容院」というイメージを持たれている両者の違いですが、実はしっかりと法律によって区別されています。「床屋」は「理容院」「理容室」「散髪屋」「理髪店」と同じ区分で、これらは正式には「理容所」といいます。対して「美容院」は「美容室」とも呼ばれますが、正式には「美容所」という区分になります。

これらはそれぞれ「理容師法」「美容師法」という法律によって、業務として行えることと行えないことがしっかりと決められています。**理容師法によると、理容とは髪の毛の刈り込み、顔剃りによって容姿を整えることを指します。そして美容師法による美容とは、パーマやメイクなどによって容姿を美しくすることを指します。**

この法律による明確な違いは「顔剃り」にあります。最近では美容所でも顔剃りを行うところが増えていますが、カミソリを用いた昔ながらの顔剃りを行って良いのは、理容師がいる理容所だけなのです。

「アルミ缶」と「スチール缶」

両者の決定的な違いといえば「硬さ」でしょう。

アルミ缶は簡単に潰すことができるくらい柔らかく、逆にスチール缶は素手で潰すのはかなり困難なほど硬いです。つまり「強度」が違うことになります。

アルミ缶は強度が弱い分、軽量なので輸送コストが軽減されるというメリットが大きいです。そのためアルコール飲料も含め、ほとんどのドリンクの缶として使われています。また素材自体に柔軟性もあり、炭酸飲料などを入れた際にも、内部からの圧力で缶が破損することがないのです。

強度の強いスチール缶は外部からの衝撃だけでなく、熱にも強い性質をもっています。熱によって変形、破損することのないスチール缶は、製造過程で熱い状態の液体を入れる必要があり、また季節などによってホットとして熱せられて販売されるコーヒーやココアなどのドリンクの缶として最適なのです。

「お銚子」と「徳利」

日本酒に付き物のお銚子と徳利。

どちらもお酒を入れる容器であることには変わりはありませんが、実は起源も使い方も全く異なるものなのです。

「お銚子」は平安時代から使われている容器で、**お茶をいれる急須のように、注ぎ口と持ち手の付いたもので、和装の結婚式で三三九度を行う場面などに登場します。**素材は木製や金属製など多岐に渡ります。

「徳利」は江戸時代から使われている容器で、お銚子に比べると歴史の浅い容器です。**形は注ぎ口の手前で一度容器が狭くなっており、砂時計を崩したような形をしています。**素材は主に陶器で作られており、熱いお湯に容器ごと浸けて熱し、熱燗《あつかん》にする際に便利にできています。

ドラマなどで酔っぱらったお客が「お銚子もう一本追加で！」などと注文しているシーンをよく見かけますが、まず間違いなく出て来るのは「徳利」なのです。

「カタログ」と「パンフレット」

新聞の折り込みチラシからダイレクトメールなど、企業は製品やサービスを様々な形の紙媒体で宣伝しています。工夫を凝らしているのは見て取れますが、いざ自分が製品やサービスを宣伝したい場合、パンフレットを作ればいいのかカタログを作ればいいのか悩むことでしょう。

まず**「カタログ」は、その企業が提供している商品や新製品の一覧などを一冊にまとめたもので、複数のページで構成されており、大半が製本されている状態です。「パンフレット」は特定の商品の説明や施設の案内などを紹介するもので、複数のページで構成されてはいますが、仮とじした状態であることが特徴的です。**ユネスコの定義には「表紙を除いて5ページから48ページまでのもの」がパンフレットであり、それ以上のページ数になると「書籍」になるとあります。

そして似たようなものに「リーフレット」がありますが、こちらは一枚の印刷物を折って作られたものを指します。

「コスプレ」と「仮装」

最近ではアニメ人気も高まり、コスプレの認知も広がっていると感じます。また、ハロウィンなどの日本であまり盛んではなかった季節のイベントも広がりを見せ、様々な仮装を楽しむ文化ができつつあります。

「コスプレ」という言葉は和製英語であり、「コスチュームプレイ」を略した言葉です。

一般的には**アニメやテレビゲームのキャラクターと同じ衣装を身にまとい、そのキャラクターになりきることを指します。**最近では特定の職業の制服や動物の格好をすることなども、広義のコスプレとされます。

対して「仮装」とは、特定のキャラクターや人物などに限ったことではありません。例えばハロウィンであれば、魔女やゾンビや吸血鬼など、**特定のキャラクターに限定せず、普段とは違う格好をすることを指します。**

つまり仮装という大きなカテゴリーの中にコスプレがあると考えて良いでしょう。

「スコップ」と「シャベル」

ガーデニングから工事現場まで、様々な用途で土を掘り返すときに使われる用具である「スコップ」と「シャベル」ですが、じつは地域によって言葉の使い方が変わってくるのです。

世間一般的には片手で持てる小型のもので、主にガーデニングなどに用いられるのが「スコップ」。足をかけるところがあり、大型で工事などによく用いられるのが「シャベル（ショベル）」という認識が強いようです。

関西方面はこの呼び方で定着しているようですが、東日本の地域では大型のものを「スコップ」と呼ぶ地域もあるようです。

ちなみに**JIS規格（日本産業規格）では、足をかけるところがないものが「スコップ」で、足をかけるところがあるものが「シャベル」であると定義しています。あくまでも「足をかけるところ」の問題です。**

ハッキリと「なぜ違うのか」という説明はできません。

「スウェット」と「トレーナー」

本来「スウェット」はその伸縮性や吸汗性の良さから、運動をする際によく着られていました。

スウェットはズボンだけでなく、上着もあります。上下共に同じ素材の服を着るファッションを「セットアップ」と呼び、日本では２０００年代に特にセットアップの文化が進みました。

スウェットと似たような衣類で「トレーナー」があります。スウェットという名称は、使用している生地の名前が「スウェット生地」であることからきています。トレーナーという名称を名付けたのは20世紀の日本のファッションデザイナーである石津謙介で、スポーツの指導役であるトレーナーがこの素材の服を着用していたから、という理由です。

つまり**トレーナーは日本独自の呼び方であり、スウェットとトレーナーに何ら違いはないのです。**

「スーパーマーケット」と「デパート」

巷《ちまた》には数多くのスーパーマーケットやデパートが立ち並んでいます。大型チェーン店から地域密着型の店舗まで、形態は様々ですが、両者を区別する基準は何でしょうか。

多くの方は敷地面積や中に入っているお店の数、階数などの違いを挙げることでしょう。しかし注目すべきは、そのお店のシステムの違いなのです。

例えば食品、日用品の購入を目的に来店したとします。スーパーマーケットでは、買い物かごにそれぞれの目当ての商品を入れて、レジへと向かいます。

デパートの場合、食品を購入したら一度レジで精算し、次に日用品を扱っているお店へと移動し、そこでまた精算を行うことになるはずです。

もうおわかりの通り、スーパーマーケットとデパートの大きな違いは、**お店の一ケ所で精算するか、売り場ごとに精算するかなのです。**

「縮毛矯正」と「ストレートパーマ」

髪質を大きく分けると、生まれつきくせっ毛で髪の毛がウェーブしている人と、オシャレ目的でパーマをあて髪の毛がウェーブしている人に分けることができます。縮毛矯正とストレートパーマの違いも、この髪質の違いに大きく関係しています。

「縮毛矯正」は、生まれつきくせの強い人が、髪をまっすぐにするのに適しています。薬剤を頭髪に散布した後、ヘアアイロンなどの熱を使って髪の毛を伸ばすため、根元から毛先までが半永久的にまっすぐに仕上がります。

「ストレートパーマ」は、一度かけたウェーブ系パーマを落として、ストレートに戻す際にかけるパーマです。ナチュラルなストレートを望む人や、髪がまとまらない、根元のボリュームを抑えたい方などに向いています。

髪へのダメージはストレートパーマよりも縮毛矯正の方が強いといえます。いずれにしても髪の毛へのダメージを最小限に抑えるため、トリートメントなどのアフターケアは欠かさないようにしましょう。

「デジカメ」と「デジカム」

スマートフォンの普及により、2010年頃に出荷ピークを迎えたデジタルカメラは、現在では減少の一途を辿っています。

写真を記録する機器において、「デジカメ（デジタルカメラ）」は今でもよく聞く言葉かと思います。

最近ではあまり耳にしませんが、「デジカム」という言葉もあります。これは「デジタルカムコーダ」の略で、撮影部分と録画部分が一体化した動画撮影用の機器を指し、一般的に使われている多くのビデオカメラは、カムコーダになります。電源がないところでも使用できることから人気を博しましたが、これもまたスマートフォンの登場により需要が低下しています。

つまり**本来は「デジカメ」は写真用、「デジカム」は動画用の記録機器でしたが、今ではデジカメでも動画は撮れますし、デジカムで写真を撮ることも可能であり、その言葉の境界は薄らいでいます。**

「ハイキング」と「ピクニック」

ハイキングはハイク（Hike）の現在進行形であるing形で、ハイキング（Hiking）となります。

ハイクにはウォーク（Walk）やムーブ（Move）と同じく、「動く」や「歩く」という意味があります。

「ハイキング」の目的は、健康のために自然や景色を楽しみながら歩くこととされます。健康のために一定の距離を歩くウォーキングとも同義とされます。

「ピクニック」の定義は簡単で、屋外で食事と軽い運動をすることを指します。この際の食事は、屋内で食べるようなものではなく、お弁当やサンドイッチなどの持ち運びしやすい料理を携帯します。運動に関してはスポーツのように激しく体を動かすことではなく、散歩や遊びのようなものが当たります。

つまり、ハイキングは歩くことが目的のアウトドアで、ピクニックは食事を目的とするアウトドアということになります。

「ビニール袋」と「ポリ袋」

日本では2020年7月1日から、レジ袋が有料化されました。これは世界的な環境問題となっているプラスチックごみの削減に向けての働きかけになります。プラスチックが自然に分解されるには400年以上もの時間がかかるとされており、レジ袋の削減は直接的なプラスチックごみの削減に繋がると考えて良いでしょう。

さて、レジ袋は一般的に「ビニール袋」と呼ばれます。ビニール袋の原材料は「ポリ塩化ビニル」であり、1970年頃からレジ袋として普及し始めました。しかし耐久面とコスト面から、ポリエチレンやポリプロピレンなどの合成樹脂を原材料に使用した「ポリ袋」にとって代わられます。

現在流通しているポリ袋のほとんどは、その原材料がポリエチレン製のものであり、ポリプロピレン製のポリ袋は極少数でしかありません。

あくまでもビニール袋の方が歴史が古いため、レジ袋=ビニール袋という認識から、ポリ袋が登場した以降も、ポリ袋=ビニール袋と呼ばれているのです。

「ファスナー」と「チャック」と「ジッパー」

生活のいたるところで目にする「ファスナー」ですが、似たような言葉で「チャック」や「ジッパー」というものがあります。これらの製品は全く同じものと考えて間違いありません。

「ファスナー」とは開閉可能な留め具のことを指す総称です。ファスナーという大きなくくりの中に「チャック」と「ジッパー」があります。

「チャック」は日本の企業による製品で、「巾着《きんちゃく》」をもじって「チャック」と命名され、商標登録もされて、チャック印のファスナーとして人気を博していましたが、その後に普通名称化されて商標権を失ってしまいました。

「ジッパー」はアメリカの企業による商標登録商品で、ファスナーを閉める際の擬音を元に「ジッパー」と命名されました。これもチャックと同様に、普通名称化されてしまい、商標権を失ってしまいました。

「ベランダ」と「バルコニー」と「テラス」

「ベランダ」は屋根の付いているスペースのことを指します。主に二階以上に設置されているものを指すことが多いですが、一階にあったとしても屋根が付いていればベランダと呼んでも間違いではありません。

「バルコニー」はベランダよりもスペースが広い場合が多く、ベランダと同じく二階以上に設置されていて、かつ屋根のないものを指します。日本の建築基準法で、幅や手すりの高さなどが定められています。

「テラス」は主に一階に作られます。このスペースは住宅の居住空間の延長線として設計されることが多いため、建物の内外を行き来する入り口には段差などがなく、同じ高さで作られることが多いです。例外として、ビルの屋上などにある広いスペースもテラスと呼ぶこともあります。

明確な違いはありますが、生活実感としては曖昧なので、物件を探す際は必ず自身の目でチェックすべきポイントでしょう。

「ホテル」と「モーテル」

一般的に「ホテル」とは、フロントでチェックインを行って各部屋へと通じている建物の構造をしています。**ホテルの語源はラテン語の「ホスピタリア」＝「無償の接待」という意味であり、ホテルマンのルームサービスなどを始めとした様々なサービスが受けられます。**

一方、**「モーテル」は基本的にセルフサービスの宿泊施設です。**建物はアパートの様な構造をしており、フロントなどはありません。客室の扉には駐車場が面しているのです。それもそのはず。モーテルは「モーターホテル」の略語で、車を使う旅行者向けの宿泊施設なのです。モーテルは高速道路などの大型の道路に面しており、**駐車場に車を止めて目の前がすぐに自分の部屋という、まさに合理的で寝るためだけに利用する施設になります。**

実はホテルに対しての明確な基準はないため、寝泊まりができる施設は全てホテルと名乗っても問題はありません。モーテルもホテルの一種といえます。

「マジック」と「イリュージョン」

マジックの世界は指先ひとつで演じるものから、大がかりな装置を使ったものまで、非常に幅の広い分野になっています。

マジックと似た意味を持つ言葉として「イリュージョン」があります。カードやコインなどを使った小規模なものが「マジック」であり、アシスタントがいて大規模な装置を用いるものが「イリュージョン」であるというイメージがあります。

しかしマジックとイリュージョンは相対するものではありません。**マジックは観客との距離による分類と、使用する道具による分類があります。**前者は「クロースアップマジック」「ステージマジック」「サロンマジック」と区別され、後者には「コインマジック」や「カードマジック」などがあります。

「イリュージョン」とはステージマジックの中で特に大規模なものを指します。つまりマジックという総称の中にステージマジックがあり、その中にイリュージョンが存在するということです。

「マナー」と「エチケット」

マナーとエチケットの違いは、その影響範囲にあるとされます。個人に対する礼儀や行儀なのか、公共の場での立ち振る舞いなのかがポイントです。

車の運転マナーや食事のマナーなど、**公共の場での礼儀作法を求められるのが「マナー」です。**この場合の影響範囲は不特定多数に及びます。例えばインフルエンザ患者がマスクをしないで外出するのは、不特定多数に迷惑がかかる行為として、マナー違反とされます。

対する**「エチケット」は、特定の人物に対しての礼儀作法を求められます。**ある特定の人物を不快にさせるといった狭い影響範囲です。

語源の違いとして、マナーは英語、エチケットはフランス語です。

しかしながら使い分けが非常に難しく、例えばデートの際に、汚らしい身だしなみで高級レストランに行った場合、恋人にとってはエチケット違反ですが、その他大勢のお客さんからしてみたらマナー違反となるのです。

「リンス」と「トリートメント」と「コンディショナー」

パサつく髪にはシャンプー後のケアが欠かせません。そんなときに使う「リンス」「トリートメント」「コンディショナー」には、それぞれ特有の効果があります。

「リンス」と「コンディショナー」は同じものである場合が多く、これらは髪の毛の表面をコーティングする役割があり、髪の毛の傷みを防いでくれます。

「トリートメント」は髪の毛の内部にまで浸透し、内側から髪の毛を元気にしようと働きかけ、髪の毛の傷みを補修してくれます。

このことから、トリートメントをした後に、リンスをするのが最も効果的といえますが、最近では両方の効果を併せ持つ商品が多く販売されているため、どちらかを使用すれば問題ないようです。

しかしながら、これらの定義がメーカーの間で統一されているわけではないので、間違いなく求めている効果を得たい場合は、記載されている詳細を確認しましょう。

「ミニカー」と「トミカ」

お子さんのオモチャから大人になってからの本格的なコレクションまで、ミニカーは幅広い年代に愛されています。中でもタカラトミーから発売されているミニカーである「トミカ」は、50年以上もの歴史があります。

トミカは精巧で忠実に本物の車を再現するために、設計から完成まで9ヶ月もの期間をかけて作られます。

既にお気づきでしょうが、**ミニカーは車のミニチュアの総称であり、トミカはタカラトミーから発売されているミニカーの名称です。**しかし多くのミニカーで再現されているサイドミラーが、トミカには絶対にありません。

トミカはあくまでも子どもが遊ぶことを前提に作られています。小さい車体は大人でも見失ってしまいがちで、万が一それを踏んでしまったとしたらケガをする危険性があるでしょう。また、車体もよく見ると丸みを帯びていることがわかります。

トミカは精巧なクオリティながら、安全を第一に考慮して設計されているのです。

「メンソール」と「メントール」

「メンソール」も「メントール」もスースーする清涼系の成分である印象です。

ハッカやミントに多く含まれ、これらの成分が抽出されてガムや歯磨き粉などに用いられることが多く、タバコでもメンソール（メントール）が配合されている銘柄があります。口にできるもの以外でも、メンソールには血管を刺激する作用が含まれているため、肩こり用の塗り薬や湿布、かゆみ止めなど医薬品にも配合されています。湿布などのスースーする効果のひとつは、メンソールによるものです。

どちらも英語では「Menthol」と記述します。メンソールとも読めるし、メントールとも読めます。そうです、**メンソールとメントールは全く同じものであり、違いはありません。**

しかし、化学用語を日本語発音する場合には、「th」をタ行で発音するというルールがあります。よって「メントール」が正式な発音になります。

「ハイオクガソリン」と「レギュラーガソリン」

ハイオクガソリンは正式には「ハイ（高）オクタン価ガソリン」と呼びます。オクタン価とは、エンジン内でのガソリンの自己発火のしにくさと、ノッキング（異音や振動が生じる現象）の起こりにくさを数値で表したものです。

レギュラーガソリンに比べハイオクガソリンの方が自己発火が起こりづらく、燃焼効率が良いです。つまり**同じ量のガソリンでも、ハイオクガソリンの方が無駄なくエンジンのパワーを最大限引き出すことができます。**また、ハイオクガソリンには清浄剤が添加されているので、エンジンをクリーンに保つことができます。

ちなみにレギュラー車に対してハイオクガソリンを入れることに、デメリットはありません。逆にハイオク車にレギュラーガソリンを入れても、エンジンが故障するなどといった不具合は起こりませんが、ハイオク車はハイオクガソリンを入れた際に最大限のパワーが出るように設計されていますので、やはりハイオクガソリンを入れるべきであるとはいえます。

「一級河川」と「二級河川」

川沿いに「一級河川○○川」や「二級河川○○川」といった看板が立っていることがあります。

川は上流部から小さな川が合流し、この合流を繰り返しながら大きな川となっていきます。これら川を合わせた単位を「水系」と呼びます。水系は1965年に施行された「河川法」によるもので、国民の暮らしを守り、産業を発展させるうえで重要な水系を「一級水系」と呼んでいます。

一級水系に属する川のうち、国土交通大臣が指定した川が「一級河川」です。「二級河川」は、一級水系以外の水系で、公共の利害に重要な関係がある川です。**二級河川は都道府県知事が指定、管理しています。**つまり本流が一級河川に属していれば、その支流が用水路を流れるようなどんなに小さな川であっても、一級河川であるといえるのです。

「羽毛布団」と「羽根布団」

布団に使われる羽はいずれも水鳥のアヒルやガチョウの羽で、高い断熱性と撥水《はっすい》性を持ち合わせています。しかし羽毛と羽根では羽の種類が違います。

「羽毛」は鳥の胸辺りに生えている羽で、水面と接する面になります。**その毛は芯がなくフワフワとしており、空気を多く含むため軽く、優れた断熱性があります。**

一方の「羽根」とは翼に生えている羽のこと。こちらは**一本一本に芯があり、弾力性もなければ、断熱性も低いのです。**

わかりやすくするためには英語表記に直してみると良いかも知れません。羽毛はダウン、羽根はフェザーとなります。ダウンジャケットなどにも使われる通り、ダウン（羽毛）は暖かさが求められる衣類などに多く使われます。

羽毛は一羽の鳥から採取できるのはおよそ5～10ｇとされているので、羽根に比べその貴重さがわかります。そのため、羽毛布団の方が羽根布団よりも高額になりがちです。

「価格」と「料金」

生きること、生活をすることはお金を使うことでもあります。それゆえ「税込価格」や「料金メニュー」などのお金に関する言葉は、生活を送るうえで普段からよく使われ、目にする言葉です。

「価格」や「値段」は、物の値打ちを金額で表示したものです。スーパーやコンビニなどに置いてある商品の金額が価格であり値段です。主に価格は文書に、値段は口語に使用されます。

「料金」は公共料金やサービス料金などと言うように、入場料、使用料、手数料などが該当します。**ものを利用・使用したり手数を掛けたりしたことに対して支払う金銭のことで、その「行為」に対しての値打ちになります。**

この他にもこれらの代わりとなる言葉として「代金」など様々な言い回しが存在します。ザックリと説明すると、「代金」は料金と近く、水道代、電気代、ガス代、ガソリン代ともいうように、利用したサービスに対して支払うべき金銭のことです。

「賀正」と「謹賀新年」

「Happy new year」英語ではこんな簡単な文章も、日本語では「あけましておめでとうございます」から始まり、「迎春」「慶春」「賀春」など様々な言い方があります。年賀状でよく使う「賀正」と「謹賀新年」の違いを説明しましょう。

注意すべきはその使い分けです。前述した言葉の例はいずれも「賀詞」と呼ばれるもので、祝い事へのメッセージとして書かれる文句です。新年を迎えるにあたっての賀詞を年賀状に書く際、誰に送るかによって使い分ける必要があります。「賀正」とは「あけましておめでとうございます」という意味があります。**これは非常にフランクな言い回しになりますので、基本的に目上の方に対して使うことは好ましくありません。**

一方の「謹賀新年」は「謹んで初春のお慶びを申し上げます」という敬意が含まれています。目上の方にも目下の方にも使って問題のない便利な賀詞です。

「御霊前」と「御仏前」

生と死は、切っても切り離せない関係です。

お葬式やお通夜に参列する際に、香典の表書きに悩むこともあるでしょう。確かに似たような言葉で「御霊前」と「御仏前」があります。

仏教の場合、御霊前と御仏前の大きな違いは、香典を出すタイミングです。そのタイミングとは「四十九日法要」です。人が亡くなった後、7日毎に7回の裁判があり、あの世への行き先が決定されるというのが「四十九日」です。

「御霊前」は、亡くなってから四十九日までの間に渡す香典を指します。一方の「御仏前」は、四十九日以降に渡す香典を指します。

仏教の中でも浄土真宗では、死んだらすぐに仏になるという考え方なので、御霊前ではなく御仏前を用います。ではキリスト教ではどうでしょうか。キリスト教の場合も宗派によって書き方が異なります。カトリックの場合は「御霊前」や「御花料」などと書き、プロテスタントでは「御花料」や「忌《き》慰《い》料」などと書きます。

「交番」と「駐在所」

1976年に連載が開始された人気マンガ『こちら葛飾区亀有公園前派出所』が、40年間の連載の末、幕を閉じました。

1994年の警察法の改正で、正式名称が「派出所」から「交番」に変わったため、現在では「派出所」は非常に少数しか現存していません。

「交番」と同じく警察官が勤務する場所として「駐在所」があります。**「交番」は当然24時間営業であり、勤務する警察官は24時間体制のシフト業務になります。**複数の警察官が交代で番をすることから「交番」と名付けられました。

「駐在所」はその名の通り、駐在している警察官がいるところです。つまり**泊まり込みで、警察官が生活をしているのです。**

消防や海上保安庁も同名の施設を有しているため、区別するために「警察官駐在所」と呼ぶ地域もあります。

「合唱」と「斉唱」

「国歌斉唱」「合唱コンクール」など、いずれの場面も男女混合の大人数でのアカペラ、もしくは伴奏はピアノのみ、というイメージが強いです。「合唱」と「斉唱」の違いは、楽器の有無や単純に歌い手の人数などによって分かれるわけではありません。歌にはメロディーがあり、ハーモニーがあります。パートは声の高さや男女により「ソプラノ」「バス」「アルト」「テノール」などに分かれます。

「合唱」は「コーラス」ともいうように、いくつかのパートをそれぞれ複数人によって歌うもののことを指します。対して**「斉唱」は「ユニゾン」ともいい、パートに分かれず一つのメロディーを大勢で歌うものを指します。**男女混声でオクターブが違っても同じメロディーであれば斉唱です。

また、一人だけが歌う場合を「独唱」、複数の人が一人ずつそれぞれ別のパートを歌うことを「重唱」といいます。式典において、歌手が一人で国歌斉唱する場合がありますが、これは厳密にいえば斉唱という言葉が誤用されているといえます。

「宅急便」と「宅配便」

輸送便の言葉に「宅急便」と「宅配便」があります。

これらの決定的な違いはただひとつ。

「宅急便」はクロネコヤマトでおなじみ、ヤマト運輸の登録商標であることです。

つまり「宅急便」はクロネコヤマトの商品名であり、クロネコヤマト以外の配送業者は「宅急便」という言葉を使うことができないのです。そのため、一般的に他業者は「宅配便」という呼称でサービスを行っているのです。

ちなみにスタジオジブリの映画『魔女の宅急便』は、宅急便という言葉が登録商標だと気づかないまま制作が進められていました。クロネコヤマト側からの指摘が入ったときには、すでに題名を変えるわけにはいかない所まで来ていたのです。

そこでクロネコヤマトは、宅急便という言葉を使わせることとの交換条件として、クロネコヤマトの宣伝素材に作品を利用しても良いという条件を出し、両社が合意。めでたく『魔女の宅急便』は、世界に公開されたのです。

「貯金」と「預金」

不景気の世の中、金融機関に頼らずに自分で貯金をしたり、タンス預金をしたりと工夫されている方もいるでしょう。そもそも「貯金」と「預金」にはどのような違いがあるのでしょうか。

実は、単純に取り扱う金融機関によって名称が分かれています。**「貯金」は読んで字のごとくお金を貯めるために利用する金融機関のことです。**ゆうちょ銀行（ＪＰ）、農業協同組合（ＪＡ）、漁業協同組合（ＪＦ）が該当します。**「預金」は、お金を預けることを意味します。**銀行の他、信用金庫、信用組合、労働金庫などがこれにあたります。預けたお金を資金に銀行が運用を行い、マージンとして利息が支払われます。また、クレジットカード決済など各種サービスのために預金することもあるでしょう。あくまでも預けたお金だから「預金」なのです。

ちなみに「貯蓄」という言葉もありますが、これは預貯金に加えて株式や投資信託などの有価証券や保険の積立金なども含めた資産になります。

「定規」と「ものさし」

どちらも線を引いたり、長さを測ったりする文房具という認識だと思いますが、実はしっかりと区別がされているのです。

「定規」とは、その種類に直角定規や三角定規などがあり、直線や曲線を描くために使用される文房具です。分度器も定規に分類されることがあります。定規は線を引きやすいように面取りがしてあります。長さの目盛りこそ記載されていますが、目盛りがなくても定規といいます。この目盛りの開始位置も、よく見てみると定規の途中から目盛りが始まっているのが特徴です。

一方の**「ものさし」こそ、長さを測るための文房具です。**基本的にものさしを使用して線を引くことはありません。ものさしに記載されている目盛りは、起点となる0から測れるように、端から0までの余白がないよう目盛りが始まっています。ものさしの素材も、竹やプラスチック、スチールなどが代表的で、形状も硬いものから巻尺にできる柔らかいものまで様々で、長さを測ることに特化しているのです。

「神父」と「牧師」

キリスト教はカトリック、プロテスタント、東方正教会の3大宗派に分かれます。「神父」とはカトリックと東方正教会における聖職者を指します。司祭とも呼ばれ、**上下関係のある序列社会です。**

また、カトリックの神父は結婚することは許されていません。東方正教会の場合は司祭になる前の段階で結婚をする意志を表示すれば、世帯を持つことは許されるようです。

ちなみに映画などでよく見る、目隠しがされた小さな部屋に神父さんと信者が入り、懺悔や悩みなどを聞くのはカトリックの神父だけです。

「牧師」とはプロテスタントの聖職者です。仕事内容に大差はありませんが、**序列社会も存在せず、結婚も自由にできます。**信者と対等な立場であるのが牧師です。

つまり簡単に説明すると、カトリックの牧師はおらず、プロテスタントの神父はいない、ということになります。

「伯父」と「叔父」・「伯母」と「叔母」

「伯父さん」と「叔父さん」、「伯母さん」と「叔母さん」。どちらも「おじさん」「おばさん」と読みますが、その使い分けにはしっかりした意味があります。「おじさん」や「おばさん」は、自分の両親の兄弟姉妹を指します。この際に、自分の両親より年上の兄姉にあたる人物か、年下の弟妹にあたる人物なのかで漢字を使い分けるのです。

つまり、**両親の兄姉であれば「伯父」「伯母」。両親の弟妹であれば「叔父」「叔母」となります。**

「伯」は年長者を敬う意味が含まれた漢字で、画伯や伯爵など、目上の人物などにも使われる漢字です。このことから、目上の人物には「伯」と覚えておくと良いでしょう。

また、親族ではない他人の大人の男性や女性のことも「おじさん」と「おばさん」と呼びますが、この場合の漢字は「小父さん」「小母さん」と書きます。

「麻薬」と「覚せい剤」

薬物はいずれも中枢神経に働きかけ、様々な効果、悪影響を及ぼします。**「麻薬」は中枢神経を麻痺させ、強い陶酔感を引き起こします。**麻薬の中でもアッパー系とダウナー系と呼ばれる2種類の麻薬があり、アッパー系はテンションを上げる効果が、ダウナー系は気分を落ち着かせるような効果があります。代表的なのが、コカインやヘロイン、大麻やMDMAなどです。

「覚せい剤」は中枢神経を興奮させる働きがあり、眠さや疲労感を軽減します。具体的にはアンフェタミンとメタンフェタミンが覚せい剤にあたります。

効果だけをみれば、用法を守れば体に良い効果をもたらすように感じられますが、いずれもとても強い中毒性があり、依存性が高いのが特徴です。中毒になると様々な幻覚症状などがあらわれ、とても体に良いものではありません。

国によっては薬物の規制が緩い国もありますが、間違いなく言えることは「手を出したら引き返せない地獄が待っている」ということです。

「利子」と「利息」

「利子」も「利息」もどちらもお金を扱う際に使われる言葉です。最もわかりやすい分別の仕方は、お金を「貸した側」か「借りた側」かに分けることです。

「利子」は金融機関からお金を借りた際、元の金額に追加して支払うお金のことです。借りた金額や返済期間に対してパーセンテージで計算されるため、追加される金額は一定額というわけではありません。

「利息」は銀行などにお金を預け、その割合に対して受け取るお金のことです。

これらは例えば金融機関の視点からすれば真逆の解釈になりますが、あくまでも定義としては**「利子は借りた側、利息は貸した側の立場から見た、金銭授受に関する対価」**といえます。

ただし全てが「貸した側が利息」というわけではなく、銀行では利息とよびますが、ゆうちょ銀行では利子とよんだりと、この分け方は絶対ではありません。すなわち、これらの用語を用いた法律によって使い分けるのが賢明のようです。

「民宿」と「旅館」

公共の宿泊施設において、ホテルは洋式で旅館は和式といった印象があります。さらに日本には民宿という宿泊施設がありますが、民宿と旅館はどこが線引きになっているのでしょうか。

民宿は、読んで字のごとく「民家の宿」です。その家の家族が経営しており、家の空いている部屋などが宿泊部屋となり、夕食の時間になると宿泊客は部屋ではなく、リビングなどに集まってみんなで食事をとる風景などが特徴的です。経営している家族や他の宿泊客などとの交流があり、一家団欒という言葉が似合う宿です。

対して、**旅館を営業するためには「旅館業法」という法律に従う必要があります。**旅館業法には、施設の設備に関する項目があり、客室や床面積が一定数以上であることや、設備の指定など事細かにその条件が定められています。

もちろん民宿でもこの条件を満たしているところはあるでしょうが、そうなると結局のところは経営者がどの営業形態を名乗っているかの違いにしかなりません。

「アルカリ乾電池」と「マンガン乾電池」

アルカリ乾電池とマンガン乾電池の違いは、それぞれが持つ特質によります。「アルカリ乾電池」は、電解液としてアルカリ性の水酸化カリウムが使用されています。**パワーが強いうえに長持ちが特徴です。**デジタルカメラやオーディオ機器など、強い電力が必要な機器に使用することで、安定した正常な動作を実現します。「マンガン乾電池」は、塩化亜鉛または塩化アンモニウムが使われています。**電力は弱いですが、使用しない間は電圧が回復していく特徴があります。**懐中電灯やリモコンなどの電池として使用するのが望ましいです。

ちなみになぜ「乾いた電池」なのかというと、昔の電池は液体またはゲル状の電解液を使っていたため、液漏れが発生してしまっていました。そこで電解液を石膏で固めて、液漏れしない電池が開発されました。今までの電池と違って電解液が漏れないところから「漏れない（濡れない）＝乾いた」電池ということで、「乾電池」と名付けられたのです。

「病院」と「クリニック」

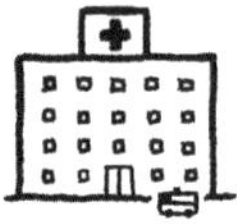

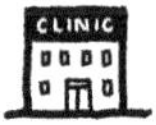

様々な病院が私達の命を救ってくれます。一歩街に出ると、いたるところに「病院」「クリニック」「医院」「診療所」という看板が目に入ってきます。

確かに「病院」と「クリニック」だけを比べてみても、より高度な医療を行えるのは「病院」の方です。しかし、医療法においての両者の区分は「ベッド数」によって分けられているのです。

入院用の**ベッド数が20床以上で「病院」、20床未満だと「クリニック」や「診療所」となります。**

ちなみに「医院」や「診察所」にはベッド数の規制はありません。

他にも同じ「病院」でも医療費の違いが発生する場合があります。大病院（ベッド数が２００床以上など）に対して、紹介状なしの受診を行った場合は、数千円程度の特別料金を徴収することが許されています。以前は病院の判断によって徴収をしていましたが、２０１６年以降は大病院で義務化されています。

「冷湿布」と「温湿布」

骨や筋肉の痛みを感じたときは、湿布を貼って痛みを和らげますが、湿布には冷やす冷湿布と温める温湿布があります。

冷湿布はメントールやハッカ油の効果で皮膚の温度を低下させ、冷たさの刺激で血管を収縮させ、神経の働きを抑えることで抗炎症効果や鎮痛効果が得られます。炎症や腫れ、**熱をもっている患部に貼ることでより高い効果が期待でき、一過性のものや急な痛みに適しているとされます。**

一方の温湿布は、トウガラシエキス等の効果によって体温を高め、血液のめぐりを促します。血液の循環を改善することで、関節や筋肉の鎮痛効果が得られます。患部を揉んだり温めたりすると気持ちがいいと感じる**肩こりや腰痛など、慢性的な痛みに対して高い効果が期待できます。**

湿布は粘着性のあるシートに薬液が塗ってあることで、皮膚との密着を高めて効率的に効果が発揮されます。副作用が少なく、患部にピンポイントで効く薬です。

「茹でる」と「煮る」

食材を調理する工程で茹でたり煮たりします。あまり聞き慣れた言葉ではありませんが、食材を茹でて作った料理を「茹で物」と呼びます。対して、食材を煮て作った料理を「煮物」と呼びます。

まずは「茹でる」という調理法の説明をしましょう。茹でる際には水から茹でる方法と沸騰したお湯の状態から茹でる場合など、調理によってその手順は様々です。食材を茹でる目的も、食材を柔らかくしたり、アクを取ったりと様々あります。水に塩を入れて茹でる塩茹でなど、茹でるという工程でも様々な茹で方があります。

対して**「煮る」という調理法は、茹でることに加えて出汁《だし》・醤油・酒・みりん・砂糖・味噌・塩などの調味料を加えることに違いがあります。**さらに煮る方法も、煮込み・煮付け・含め煮・煮染め・煮浸し・炊き合せなど、多くの種類があります。

つまり、**茹でる行為は食材に火を通すことを目的とした調理方法**であり、加えて味付けをしたい場合は煮る行為になるというわけです。

屋上に書かれた「H」と「R」の文字の違い

高層ビルなどの屋上に「H」と書かれているものを見かけます。これはご存知の通りヘリポートを表す記号で、ヘリコプターの離着陸に使用される場所のことです。そして、まれに屋上に「R」と書かれたものがありますが、これは何を意味しているのでしょうか。

この**「R」は「レスキュー」の略**で、緊急時にヘリコプターを使って救助活動を行える場所を表しています。ただし通常のヘリポートとは違いがあります。それはヘリコプターの重さに関係しています。

ヘリコプターの重量は5トンにもなります。通常のヘリポートはこの重さに耐えられる設計がなされているため、ヘリコプターは着陸することができます。しかし**「R」と書かれたヘリポートは建物の設計上、ヘリコプターの重さを支えることができません。**そのため、ヘリコプターは着陸することなく、空中にとどまるホバリングをしながら救助などの活動を行う必要があるのです。

自動販売機のコイン投入口の「タテ」と「ヨコ」

投入されたコインはそのままの角度でコインストッカーに落ちていきます。この際にタテ向きで投入されたコインは、ヨコ向きで投入されたときと比べて落ちる速度が早いです。

自動販売機の商品を求める際に、早さが要求されるような販売機は投入口がタテ向きになっているのです。つまりジュースやタバコなどの自動販売機はヨコ向き、切符など券売機に使われている販売機はタテ向きになっています。

また、例えば駅の券売機では、コインが一度に複数枚入れられるように設計されています。コインの落ちる速度が速いだけでなく、一度にまとめてコインを入れられることによって、混雑しがちな切符売り場での行列の緩和にも繋がります。

一方、横入れ型の自動販売機は、きれいに重なってコインが収納されるため、コインストッカーが小さくて済みます。このため、販売機の大部分が商品を占めるようなジュースやタバコの自動販売機などで、ヨコ向きタイプが使用されるのです。

灯油の「ポリタンクの色」の違い

ポリタンクとは、酸化や絶縁性に強いポリエチレン素材でできたタンクの通称です。ポリタンクは灯油専用の容器ではなく、耐用年数は一般に5年程度で、紫外線の影響で容器が劣化してしまいます。

赤と青はご存知の通り、灯油を入れるための容器を表す色です。海外では強度を増し、ガソリンも入れることが可能なタンクがありますが、日本国内は違法です。

白は飲料水や食品用の容器を表す色です。白いことで外からも中身が確認しやすく、カビや不純物に気づきやすいのが利点です。

灰色は薬品や排水を入れる容器を表す色です。

灯油タンクだけが複数の色で分かれていますが、これは早い話が製造メーカーによる違いです。ただし**東日本ではほぼ赤色のタンクが使用され、西日本では青色のタンクが使用されています。**一部の話では青色の方が塗料が安く済むからで、関西人の県民性が出ているとかいないとか。

第2章

自然と生き物

「砂漠」と「砂丘」

日本にある有名な砂漠地帯はどこでしょう、と聞かれたら、多くの人は「鳥取砂丘」と答えることでしょう。しかし名前からもわかる通り、鳥取砂丘は「砂漠」ではなく「砂丘」です。

「砂漠」とは、年間降雨量が250㎜以下の地域を指します。一般的には砂で覆われた地域をイメージしますが、それらは砂砂漠と呼ばれます。その他にも岩石でできている岩石砂漠や、土でできている土砂漠など、いくつかの種類があるのです。

対して**「砂丘」とは、風によって運ばれた砂が堆積して、丘になった地形を指します。**砂丘にもいくつか種類があり、鳥取砂丘は海岸にできる「海岸砂丘」です。他にも湖岸にできる「湖岸砂丘」や砂漠の中にできる「内陸砂丘」があります。

日本では鳥取砂丘が有名ですが、実は国内には10ヶ所以上もの砂丘が存在するのです。青森県にある猿ヶ森砂丘は鳥取砂丘の30倍の広さを誇りますが、ほぼ全域が火器・弾薬などの試験場になっているため、立ち入りが禁止されています。

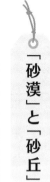

「イルカ」と「クジラ」

クジラとイルカの定義は非常にあいまいなのです。

クジラはクジラ目に属する生き物の総称ですが例外があり、イルカは実は生物学上にイルカという系統群は存在せず、ハクジラ亜目に属する生き物のうち、小型のものをイルカと呼んでいます。

日本においては、成体の体長が４ｍ以上であれば「クジラ」、４ｍ未満であれば「イルカ」と分けることが多いです。

しかしこれは定義として決定づけられているわけではなく、今現在で「○○クジラ」や「○○イルカ」と名前の付いているものの統計をとると、４ｍを境に分かれていることが多いから、ということに過ぎません。

それゆえ例外もあります。例えば「ベルーガ」とも呼ばれる「シロイルカ」は、成体の体長が５ｍを超えるため、イルカと名が付いているものの、クジラに分類されることがあります。

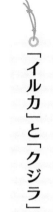

「ウミガメ」と「ほかの亀」の進化の違い

「ウミガメ」は言わずもがな海中に生息する亀です。世界中には8種類のウミガメがいます。そして「ほかの亀」というのは、陸上または水陸両棲で生息する亀のことを指し、世界中で約300種類が確認されています。

これらの亀たちは、なぜ海で生きる道を選んだのか、陸上で生きる道を選んだのか、その進化の違いは何かわかりますでしょうか。

生態系で力の弱い生き物は、いかに自分の身を守るかが進化の決め手となります。多くの「カメ」も例外ではなく、**陸上で暮らす選択をした亀は固い甲羅の中に手足と頭をしまいこんで外敵から身を守るすべを得ました。**

一方「ウミガメ」は甲羅の中に手足を完全に収納することはできません。**ウミガメは水中での生活を選んだ種として、より速く泳ぐことを身につけたのです。**四足は平たく大きく進化し、外敵から逃げる際は時速20㎞という驚きの速さで泳いで逃げるのです。

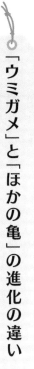

「カナブン」と「コガネムシ」

どちらも同じような見た目をしており、見分けるのは困難かもしれません。「カナブン」はコガネムシに比べると一回り大きい体格をしています。メタリックな光沢でコーティングされた様々な色の種がおり、昆虫らしい緑色や茶色などに加え、青や黄色などカラフルなラインナップとなっています。最も特徴的なのは飛翔時の姿勢で、外側の硬い甲殻を少しだけ浮かせるように開き、その隙間から薄い翅《はね》を出して飛行することができます。これは他の昆虫にはできません。**カナブンの食生活は、カブトムシなどと同様に木の樹液をすすります。**「コガネムシ」もカナブンと同じくメタリックな光沢を持っているので、パッと見では見分けが付きにくいです。

カナブンと比べて最も大きな違いは、食生活にあります。**コガネムシは広葉樹の葉を主に食べるので、害虫として指定されています。**また、幼虫時にも植物の根を食べて育つので、ガーデニングをしている方からしたらまさに天敵の昆虫でしょう。

「トルネード」と「サイクロン」と「タイフーン」と「ハリケーン」

「トルネード」は発達した積乱雲に伴う上昇気流によって発生する激しい突風のことです。非常に強烈な風が特徴で、一瞬にして甚大な被害を及ぼします。アメリカでの呼び名で、**日本語では「竜巻」といいます。**

「タイフーン」「サイクロン」「ハリケーン」は**いずれも日本語では「台風」と呼ばれ実はこの3種は全く同じ気象現象で、発生地によって呼び名が異なるのです。**

「タイフーン」は東経180度より西の北西太平洋または南シナ海に存在し、かつ最大風速がおよそ17m／秒以上のものを指します。台風と語感が似ていますが、これは中国語の「大風《タイフン》」が語源となっているからです。

「サイクロン」は北インド洋に存在し、最大風速が約17m／秒以上のものを指します。

「ハリケーン」は北大西洋、カリブ海、メキシコ湾および西経180度より東の北東太平洋に存在し、最大風速が約33m／秒以上のものを指します。

「ムカデ」と「ヤスデ」

「ムカデ」は漢字で「百足」と書きますが、体の大きい種では100本以上の足が生えている種も珍しくありません。食性は肉食で、クモやミミズや他の小さな昆虫などを食べます。基本的に毒を持っており、噛まれると激しい痛みを伴います。大きい種では体長60㎝ほどのものもおり、ヤスデに比べるとかなり大きいです。

「ヤスデ」は英名では「ミリピード（千の足）」と呼ばれるように、ムカデと同じく足をたくさん持った昆虫です。食性は草食で、土壌の有機物や枯葉とそこにつく真菌類を食べています。毒がないために噛まれても激しい痛みが続くことはありませんが、危険を察知すると体液を出し、その体液に触れてしまうと痛みが生じることがあります。

両者の最大の違いはやはり足にあります。**ムカデはひとつの節に1本の足が生えていますが、ヤスデは前方の数本を除き、ひとつの節から2本ずつ足が生えています。**同じ大きさの種であれば、ヤスデは単純に約2倍の足の数を持っているといえます。

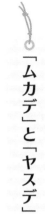

「シロサイ」と「クロサイ」

現在、世界には「シロサイ」「クロサイ」「インドサイ」「ジャワサイ」「スマトラサイ」の5種類のサイが生息しています。

この内、色の名前が入ったシロサイとクロサイの違いは、皮膚やツノなどの色とは関係がありません。

「シロサイ」の肌の色はグレーです。**地面に生えている草が食べやすいように、口が横長になっているのが特徴です。**

「クロサイ」の肌の色はグレーからやや黒みがかった色です。**樹木の葉っぱなどを主食とするため、口先が尖っており器用に動かすことができるのが特徴です。**

シロサイは口が幅広いことから、アフリカで「幅広い」を意味する「wijde rhinoceros」と呼ばれていました。これを現地の人間に何という生き物かを尋ねたところ、「wijde」を「white」と聞き間違えてしまったのです。そしてホワイトと差別化するために、相対するブラックという名前を付けたのです。

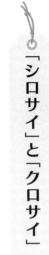

「ヤモリ」と「イモリ」

見た目からも名前からも、どっちがどっちかわからなくなるヤモリとイモリですが、その生態からハッキリと違う生物であることがわかります。

日本で単に「ヤモリ」と呼ぶ場合は「ニホンヤモリ」を指すことがほとんどです。ヤモリは爬虫類で、陸上に生息する生き物です。古くから、ヤモリは屋内にいるハエなどの害虫を餌にしていることから、**害虫から家を守ってくれる生き物として「ヤモリ（家守）」と名づけられました。**

そして日本で「イモリ」と呼ぶ場合は「アカハライモリ」を指すことがほとんどです。イモリはヤモリとは違って両生類の生物です。そのため、井戸や水田に生息し、ヤモリと同様に害虫を餌にしているため、**害虫から井戸を守ってくれる生き物として「イモリ（井守）」と名づけられました。**

またヤモリとの大きな違いとして、体内に毒を持っており、外敵に毒を持っていることを知らせる役割もかねてお腹が赤く色付いています。

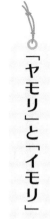

「一時雨」と「時々雨」

日本語というのは少しの表現の違いが大きな意味の違いを生んでしまいます。しかし、天気予報の「一時雨」と「時々雨」は、しっかりと区別されています。気象庁によると、次のように区別されて使われます。

「一時雨」は24時間の中で、6時間未満の連続的な雨が降る（予報期間の1/4未満）可能性がある場合に使われます。連続的とは、雨と雨の切れ間が1時間未満のことです。

「時々雨」は24時間の中で、12時間未満の断続的な雨が降る（予報期間の1/2未満）可能性がある場合に使われます。断続的とは、雨と雨の切れ間が1時間以上のことです。

つまり**「一時雨」は短い時間中に集中した雨が降る感じで、「時々雨」はほぼ半日、パラパラと雨が降る感じと捉えることができるでしょう。**

「所により」は予報発表地域の半分より狭い範囲のときに使われる言葉です。

「海老」と「蝦《えび》」

よく目にするのは「海老」の方で、「蝦」というのはあまり見慣れない漢字ですが、どちらも魚介類の「エビ」を指す言葉です。しかしはっきりと違いはあります。エビには伊勢海老や車エビ、果てはザリガニまで、実に多様な種類がありますが、基本的にどの種も十脚目に分類される甲殻類であることがいえます。エビの漢字の使い分け方は、そのエビがどのような生態をしているかで判別されます。

「海老」という漢字は、まるで老人のように腰が曲がっていることから付けられた当て字です。このことから、海底を這うようにして歩く種のエビを指します。**伊勢海老やロブスターなどがこれに該当します。**

一方の「蝦」は、ヒゲや脚がたくさん出ていることを表しており、水中を泳ぐ種のことを指します。**小型のエビであればほとんどがこちらに該当します。**

ちなみに英語では大きさによって「プローン」や「シュリンプ」などと呼ばれ、区別されています。

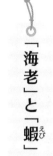

「ムササビ」と「モモンガ」

「ムササビ」も「モモンガ」も、どちらもリス科リス亜科の動物で、手足や腹にある飛膜を広げて滑空するのが特徴です。**両者の最大の違いは大きさです。ムササビの体長が50㎝程なのに対して、モモンガは20㎝程です。**

滑空距離も大型のムササビの方が圧倒的に長く、ゆうに１２０ｍ以上は滑空できるのです。スピードも非常に速く、秒速16ｍで移動可能です。

モモンガに対してムササビの方が大型なことから、滑空に必要不可欠な飛膜の付き方も違います。モモンガには前肢と後肢の間にだけ飛膜があるのに対し、ムササビの飛膜はさらに前肢と首、後肢と尾の間にもあります。

かつて平安時代ではムササビとモモンガは区別されていませんでしたが、江戸時代になると「モモングァ（摸摸具和）」という言葉が生まれ、ムササビとモモンガは区別されるようになりました。

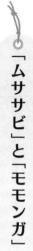

「魚貝類」と「魚介類」、「海産物」と「水産物」

これらは水中に棲む生物を指す言葉なのは間違いないのですが、具体的にどの生物までを含めるかによって呼び方が変わります。

「魚貝類」は読んで字のごとく、魚類と貝類の総称です。そして**「魚介類」は魚類と貝類に加え、カニやエビなどの甲殻類も含まれます。**「介」は中国の陰陽五行が由来になっており、その中で亀、甲殻類、貝類などの硬い殻（甲羅）を持つ生物を指しています。そもそも「介」という漢字は鎧を着た人を表しているのです。一般的にはこれの他、タコやイカなどの軟体生物も「魚介類」に含むことが多いです。

そして「海産物」と「水産物」は意味がハッキリと違います。**「海産物」は魚介類に加えて昆布などの海藻類も含んだ総称です。**海産という言葉でわかる通り、海に生息している生き物に限定されます。「水産物」は海だけに限定されず、海も含めた川や湖などの水中に生息している生き物を指します。

「震度」と「マグニチュード」

日本では、揺れを感じる程度の地震だけでも、年間約2000回もの地震が起きているとされます。**「震度」は、人間がどれくらいの揺れを感じるかを数値化したものです。**一方の**「マグニチュード」は地震そのもののエネルギー値になります。**

例えば、電球の光の強さそのものを「マグニチュード」とした場合、電球から離れるとだんだんと暗くなっていきますが、その距離ごとに計測できる光の強さが「震度」にたとえられます。

震度は0〜7までの数字と強弱を使って10階級で表されます。震度7は1995年の阪神淡路大震災で初めて導入された比較的歴史の浅い観測震度で、東日本大震災では観測史上3度目の震度7を計測しました。

マグニチュードの値は1増えるとエネルギー量は32倍に、2増えると1000倍になります。阪神淡路大震災のマグニチュードが7・3で、東日本大震災のマグニチュード9は、阪神淡路大震災の1000倍近くの規模だということがわかります。

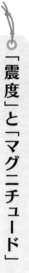

「カンガルー」と「ワラビー」

「カンガルー」も「ワラビー」も、いずれもカンガルー科に属する生き物です。様々な種属が存在し、体長は25～160cm、体重は0・5～85kgまでと非常に幅広い生き物です。**カンガルーの中で種の平均体重が約25kgよりも軽い種がワラビーに分類されます。**

西洋人が初めてカンガルーを目にし、現地の人に対して名前を尋ねたところ、現地人は伝え方がわからずに「わからない」と答えました。この「わからない」が現地語で「カンガルー」と発音することから、西洋人は「あの動物はカンガルーという名前なのか」と勘違いした、というエピソードがあります。

しかしこの説は有力なものではなく、本来「跳ぶもの」を意味する「ガングルー」が変化して「カンガルー」になったという説が有力です。西洋人のエピソードが英語の教科書などに載ってしまったことで、世間に広く誤解を招いてしまいました。

「水蒸気」と「湯気」

人は湿度が高いと不快感を覚えます。

その湿度に大きく関係しているのが、空気中の水蒸気です。**水蒸気は水が気体になったものであり、無色で目には見えません。**

それではヤカンでお湯を沸かしたときに発生している、煙のようなものは何でしょうか。これは湯気です。**湯気は水蒸気が冷えて水滴となり空中に漂っているものです。**水滴に光が反射することによって白く視認することができるのです。

つまり水蒸気は気体であり、湯気は液体であるということがいえます。

ヤカンでお湯を沸かした状態をよく観察してみると、ヤカンの口の近くは透明で、少し離れたところから白くなっているのがわかります。これは、外気で冷やされたことによって水蒸気が湯気に変わっているということです。

雲が白く見えるのも水滴に光が反射しているからです。雲になっているのは適度な大きさの水滴であり、それ以上の大きさとなると、雨になって降ってきます。

「ダックスフント」と「ダックスフンド」

ペットとして人気のある「ダックスフンド」。

と言うと、「え？　本当の呼び名は〝ダックスフント〟だよ？」と通ぶる人が稀にいますが、本当はどちらの呼び名が正しいのでしょうか。

そもそもダックスフント（ダックスフンド）は、体重12～13kgほどにもなるアナグマを捕獲するために品種改良された犬種です。アナグマの穴の中の巣に入って行きやすいように、手足は短く胴が長い姿になっているのです。

さて問題の呼び名ですが、**実は「英語読みかドイツ語読みか」の違いでしかありません。**

「ダックス」はドイツ語でアナグマを意味し、「フント（フンド）」は猟犬を意味します。ドイツ語では単語末尾の「d」は濁らないため「フント」と発音します。

やはり「ダックス」の部分がドイツ語であること、原産国がドイツであることから、ドイツ語読みの「ダックスフント」に軍配が上がりそうです。

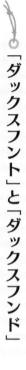

「赤身魚」と「白身魚」

魚の身は人間でいうところの筋肉にあたります。筋肉は白っぽい色の速筋、中間筋、赤味のある遅筋の3つの筋繊維が混ざり合って形作られます。

タイやヒラメなどの白身魚は近海に生息しています。川魚も同様ですが、浅瀬や入り組んだ地形に身をひそめる彼らは、素早い身のこなしで外敵からの攻撃を回避します。**長く泳ぎ続けるより、瞬発力が必要なために速筋が発達するのです。**

マグロやカツオなどの大型種から、アジなどの小型種まで、赤身魚の特徴は群れをなす回遊魚であるということ。**ひたすら泳ぎ続けなければいけない彼らは、遅筋が発達しています。**

筋肉を動かすためには酸素が必要不可欠です。筋肉の中にはミオグロビンという色素タンパク質があり、酸素を筋肉に運んでくれる役割を担っています。**遅筋が発達するほどミオグロビンの密度が高くなり、ミオグロビンの色素に含まれる赤色が筋肉にあらわれるのです。**

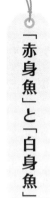

「雪」と「氷」

水が冷やされてできる物質なのに、雪と氷はなぜ区別されているのでしょうか。

雪と氷が関係する様々な現象を取扱う学問で「雪氷学《せっぴょうがく》」というものがあり、雪と氷の具体的な違いもこの学問によって定義されています。

液体は温度が上がると気体になり、温度が下がると固体となります。しかし「雪」が形成される場合はこの常識には当てはまりません。**雪は気体である水蒸気が大気中の微粒子とくっついて凍り、固体になったもので、液体の状態を経過してはいません。**このような現象を「昇華」と呼びます。**対して「氷」は、液体である水が冷えて固体になった状態です。**ちなみに液体が冷やされて固体になることを「凝固」と呼びます。

氷は水や空気が通り抜けることはできませんが、雪は水や空気が通り抜けることができます。雪は結晶化されているため、分子の結びつきが強く、氷に比べ溶けにくいという性質もあります。

「ルビー」と「サファイア」

ラテン語で「赤」を意味するルビーと、「青」を意味するサファイア。

両極端に思える宝石ですが、**どちらも実は同じ「コランダム」という鉱石なのです。**

コランダムは赤鉄鉱であり、純粋な結晶は無色透明です。このコランダムに1％未満の微量のクロムという原子が加わることで赤く変色し、「ルビー」になります。また、チタンや鉄などが加わると青く変色し「サファイア」になるのです。

自然界でクロムの含有量が1％未満というのは非常に珍しいことで、クロムの割合が増えるにつれて価値も下がり、5％を超えると宝石としての価値は全くなく、工業用の研磨剤として使われる鉱石になってしまいます。

サファイアにはブルーサファイア以外にも、ピンクサファイアやイエローサファイアなどがあることから、厳密には赤い色をしたコランダムがルビーであり、それ以外がサファイアであるといえます。

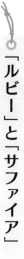

「蝶」と「蛾」

美しさの象徴としても用いられる「蝶」と、どこか不気味な雰囲気を醸し出す「蛾」。どちらも学術的には同じ昆虫綱チョウ目に属します。

日本国内で確認される蝶の数は約250種いますが、対して蛾はその20倍以上の約5500種類とされます。

実は蝶と蛾に明確な区別というものはありません。普通、似ている生き物は比べることで違いを見出しますが、蝶と蛾においてはこれが通用せず、分類において消去法が用いられるのです。というのも、蝶は蝶であることを定義することのできるいくつかの特徴がありますが、蛾はそれが難しいのです。

例えば蝶は昼行性ですが、蛾は昼行性のものもいれば夜行性のものもいます。また、蝶は止まっているとき翅《はね》を垂直に立てますが、蛾は翅を垂直に立てたり折り畳んだりと様々です。このことから、チョウ目の生き物で蝶以外のものは蛾であるという消去法を用いて、蝶と蛾を分類しているのです。

「馬」と「ポニー」

ポニーといえば馬の一回り小さい種であるという認識がありますが、それは間違いです。かつてイギリスやオーストラリアでは、何千頭ものポニーが炭鉱の地下深くで働いていました。その小ささと、馬と同程度の体力を持ち合わせたポニーは、炭鉱での労働のお供にもってこいだったのです。

「馬」と「ポニー」の区別は、実は品種ではありません。**ポニーとは、肩までの高さが147㎝以下の馬の総称なのです。**

小さいからといってポニーは馬に劣らない能力を持っています。走れば時速40㎞を出すことができ、頭も良く体力もあり、性格はいたって温厚です。炭鉱での労働の際には、一日に8時間の重労働も難なくこなしていたそうです。

そんなポニーの中で最も小さいとされるのが「ファラベラ」という品種です。体高は約40㎝しかなく、犬でいうところの中型犬くらいの大きさしかありません。しかし犬の数倍の寿命を持つことから、海外ではペットとして人気が高いようです。

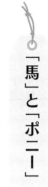

「霧《きり》」と「靄《もや》」と「霞《かすみ》」

「霧《きり》」と「靄《もや》」と「霞《かすみ》」は、どれも視界が悪い気象状況であるようなイメージですが、明確な違いは何なのでしょうか。

「霧《きり》」は雲と同じ現象です。**地上についていないものが雲、地上付近にあるものが霧と定義されています。**この水蒸気が凝結した水滴によって1㎞以上先が見通せない場合に霧とされます。

「靄《もや》」の発生の原因は霧と全く同じですが、**周囲の視界がボヤケて見える、モヤモヤしている状態が靄になります。**曖昧な感じがしますが、日本国内では10㎞以上先が見えない状態が靄であると定義しています。霧と比べて靄の方が濃度が薄いです。

「霞《かすみ》」は遠くの景色がぼやけて見える様子を表した言葉で、**春の季語であり、気象用語ではありません。**「遠くがかすんで見える」という言葉は、この霞という言葉からきています。

「木」と「樹」

私たちの生活は木が支えていると言っても過言ではありません。住んでいる家から字を書くための鉛筆、本などの紙類も全て木から生産されています。しかし「木」も「樹」も山などに生えている樹木を表すことに違いはありません。樹木を伐採した後に製品として加工する際はどうでしょうか。物を作るために加工されたものは「木材」と呼ばれ、それらで作られた工芸品などは「木工品」と呼ばれます。対して「樹」は、種類を表す「広葉樹・針葉樹」や「樹齢」「植樹」といった言葉でしか使用されません。

つまり**「木」にあって「樹」にないものの違いとして挙げられるのは、樹木が生きているか否かにあります。**「木」は生きている状態の他に、伐採された後の状態のものも指しますが、「樹」はあくまでも生きている状態にしか使いません。

「流星」と「彗星」

美しい夜空をボーッと見上げていると、一筋の流星が見えることもあるでしょう。「流星」は天文現象のひとつですが、似たようなものに「彗星」があります。有名なものではハレー彗星やエンケ彗星があります。

流星は、直径1㎜～数㎝というとても小さな塵《ちり》が地球の大気に突入し、発生した摩擦によって光って見える現象のことです。高度100～150㎞で光り始め、50～70㎞付近で燃え尽きてしまいます。秒速数十㎞という高スピードで突入するため、数秒で消えてしまいます。

一方の**彗星は直径数㎞～数十㎞という大きさであり、核は氷や微粒子でできています。**これが太陽に近づくことで熱によって溶け、尾を生じます。

つまり流星は地球に向かって落ちてくるものであり、彗星はそうではありません。彗星は4000弱もの数が確認されており、一定の周期で再び観測できるものもあれば、二度と見ることのできないものまで様々です。

「林」と「森」

木々が密集している地帯を、「林」や「森」、または合わせて「森林」と呼びます。林と森を区別する際に、その規模が大きいものを森、比較的小さい規模を林という分別方法もありますが、じつは分別方法はそれだけではありません。

そもそも林と森には明確な区別はないとされます。言葉の語源をたどってみると、「林」は「木が生やしてあるところ」を意味する「生やし」を語源とし、その漢字の成り立ちも木同士が並んでいる様子を表しています。「森」は「木が多くて盛り上がっているところ」を意味する「盛り」を語源としており、漢字も木がたくさん並んでこんもりとしている様子が見てとれます。

農林水産省による定義では、人の手が加わった人工的な木の密集地帯を「林」、人の手が加わっていない自然的なものを「森」と区別しています。

ちなみに「森林」とは、密集した樹木だけでなく、そこに存在する生物および土壌を含めた総体を指す言葉です。

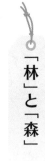

「鷲《わし》」と「鷹《たか》」

「鷲《わし》」はその大きさと力強い見た目から、「鳥の王者」と称されて様々な国で信仰の対象であったり、国章に使用されていたりします。対して「鷹《たか》」は、日本でも古くから人間と接してきた歴史があり、鷹を用いた鷹狩りや、家紋のデザインに用いられたりしてきました。

両者は見た目も非常によく似ています。動物学的にも両者はタカ目タカ科に属した鳥類であるのですが、**その違いはというと、なんと体の大きさなのです。**

動物界ではこういった違いはよくあることで、例えば「カンガルー」と「ワラビー」などは規定のサイズ以上か未満かで種類が分けられていますし、「ブリ」や「スズキ」などの出世魚のように、成長することで名前が変わる生き物もいます。

しかし鷲と鷹の分け方は非常におおまかで、「大きければ鷲、小さければ鷹」という古くからの慣習に従った大雑把な分類方法なのです。

第3章

食べ物や飲み物

「ソーセージ」と「ウインナー」

「ソーセージ」は、ひき肉に調味料や香辛料を加え、練り合わせたものを腸や食用フィルムなどに充塡《じゅうてん》した後、くん製または乾燥させたもので、小麦粉などの結着材料が15％以下であり、野菜やチーズ等を加える場合はその量を50％未満にしなければなりません。

農林物資の規格化と品質の適正化を目的とした法律である、ＪＡＳ法（日本農林規格）によってしっかりと定義されており、この条件を原則として、変更がなされているものはさらに個別の種類としてカテゴライズされます。

その数は「加圧加熱ソーセージ」「セミドライソーセージ」「ドライソーセージ」「無塩漬ソーセージ」「ボロニアソーセージ」「フランクフルトソーセージ」「ウインナーソーセージ」「リオナソーセージ」「レバーソーセージ」の9種類もあります。

つまり、**「ウインナー」はこのソーセージの中の一種であり、羊腸を使用したもの、もしくは牛腸か豚腸を使用せずに製品の太さが2㎝未満のものを指します。**

「こいくち醤油」と「うすくち醤油」

日本は世界と比較してもトップクラスに塩分摂取量が多い国です。それは醤油や味噌などが原因と言われています。

醤油には大きくわけて5種類がありますが、日本の家庭で使用される醤油の代表は「こいくち醤油」、「うすくち醤油」の2種類でしょう。醤油は大豆を発酵させて製造しますが、その過程で加える小麦の量、塩の量でどの醤油になるかが変わってきます。JAS（日本農林規格）によると、色合い・塩分量・窒素分・エキス分・香りなどの項目で細かな基準が用いられています。その中で問題なのが塩分量です。**「こいくち醤油」の塩分濃度が16%なのに対し、「うすくち醤油」の塩分濃度は18%です。**ではなぜ「うすくち」なのか。それは色が薄いからなのです。色が濃くならないように発酵を抑える必要があり、そのために塩を多く使う必要があるのです。

健康を気づかってうすくち醤油を選択するのは間違い。減塩またはうす塩と書かれた醤油を選ぶようにしましょう。

「カレーうどん」と「カレー南蛮」

うどん屋さんからカップラーメンに至るまで、幅広く人気のある「カレーうどん」。一方で「カレー南蛮」という呼び名もありますが、両者に違いはあるのでしょうか。「カレーうどん」は読んで字のごとく、うどんにカレールウをかけたものです。「カレー南蛮」もそれと同じものが出てくる印象がありますが、その違いは「南蛮」があるか否かによって変わってきます。

ここでいう南蛮とは「長ネギ」のことを指します。つまり**カレー南蛮とは長ネギが入っているものであり、カレーうどんには長ネギが入っていないという決定的な違いがあるのです。**

ちなみに、いざメニューを頼むとき、「カレー南蛮」と書いてあったらうどんとソバのどちらを想像しますか？　頼んでみたら思ってた麺と逆のものが出てきたなんてことにならないように、わざと「カレー南蛮うどん」や「カレー南蛮ソバ」と書いてあるお店もあります。

「おしるこ」と「ぜんざい」

「おしるこ」は自動販売機でもおしるこ缶が売られているほどで、古くから現代まで愛され続けている和スイーツのひとつです。しかしお店によっては「おしるこ」だったり、「ぜんざい」だったりと、名前は違えど似たようなスイーツが出てくる印象があります。

「おしるこ」は江戸時代から存在しており、当初のおしるこはもち米とうるち米を6：4で作った団子を小豆の粉の汁で煮込み、塩で味付けをしたものでありました。これが酒の肴として食べられていたようで、今のように甘くはなかったのです。

「ぜんざい」の語源は諸説ありますが、砂糖で甘く煮た小豆に餅を入れたものであり、これだけを聞くとおしるくこと違いはないように思えます。

おしることぜんざいの違いは地域によって異なります。 関東では汁気のあるものがおしるこ、汁気のないものがぜんざい、関西では「こしあん」ならおしるこ、「つぶあん」ならぜんざいという区分が多いようです。

「和牛」と「国産牛」

「和牛」も「国産牛」も日本で育った牛であることは間違いありません。しかし問題はその品種にあるのです。

「和牛」に数えられる品種は「黒毛和種」「褐毛和種」「日本短角種」「無角和種」のわずか4種類しかありません。

「国産牛」とは、和牛種以外の牛ということになります。ミルクが取れなくなった乳牛用のホルスタインなどが、お肉として出荷されるのです。

また、出荷されるまでに日本国内にいた期間の方が長ければ国産と認定されます。例えば、アメリカ生まれで2年間アメリカで育ち、日本に輸入されてから2年と1日でもいれば、立派な国産牛となるのです。しかしこれには輸送費などの費用が莫大にかかってしまうため、偽造目的で行われることはありません。

確かに国産牛は海外の牛肉に比べて高価ではあります。しかし国産牛だからといって、全ての牛が食肉用に品種改良された種別ではないのです。

「スパゲッティ」と「パスタ」

イタリアでは少なくとも650種類のパスタがあるとされ、この数は年々増えています。またパスタ料理に至っては、1000種類を超えるほどのレシピがあるとのこと。

ペペロンチーノやアラビアータ、カルボナーラなどは日本でもよく食べられているパスタ料理です。ソースや調味料、調理法などによってでき上がりの名称が変化しますが、どの麺を使用するかは実は関係ありません。

パスタの種類は大きく分けて「ロングパスタ」「ショートパスタ」「詰め物（ひき肉やチーズなど）入りパスタ」「その他（団子状など）のパスタ」に分類されます。

さらに麺の太さによって細分化された分別がされています。問題の「スパゲッティ」は、ロングパスタに分類される麺の太さが2㎜弱のものを指します。

つまり**「パスタ」というのは主にデュラム小麦から作られた麺全般を指す総称で、その中の麺の一種として「スパゲッティ」があるのです。**

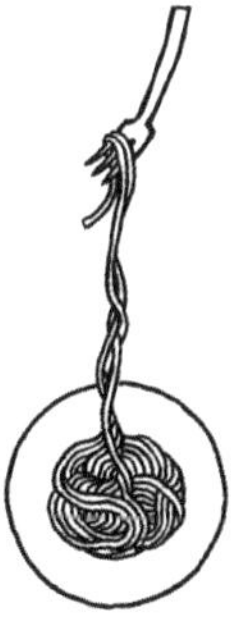

「バイキング」と「ビュッフェ」

そもそも「バイキング」は日本独自の呼び方で、欧州などでは「スモーガスボード」と呼ばれます。日本で初めてバイキングを導入したのは、帝国ホテルでした。帝国ホテルの社長を務めた犬丸徹三が、旅行先のデンマークでスモーガスボードに出会い日本に持ち込んだのです。その際に、呼びにくかったスモーガスボードという単語に代わる新しい名称を考え、北欧といえば海賊のバイキングというイメージから、食べ放題のスタイルを「バイキング」と命名したのです。

一方の**「ビュッフェ」はフランス語でもともとは「セルフで料理を取り分ける立食形式の食事」を表しています。**バイキングと同等の意味で使われがちですが、まれに本当の意味での食べ放題ではない場合があります。

つまり、並べられた料理を各自で好きなだけ選ぶというのは間違いないのですが、食べ放題がどれだけ食べても一律の料金なのに対し、ビュッフェは選んだ料理に対して料金を払うシステムの場合があるのです。

「おはぎ」と「ぼたもち」

餅は日本を代表する和菓子であり、その食べ方は様々です。変わり種ともいえる食べ方のひとつとして、もち米が米粒の形を残したまま食べる「おはぎ」や『ぼたもち」があります。**実はこの2つの食べ物は、材料や作り方によって呼び名が変化しているわけではなく、全く同じ食べ物なのです。**

「おはぎ」は漢字で「お萩」と書きます。萩とは秋に咲く花で、あんこを萩に見立てたお菓子ということで「おはぎ」と名付けられました。つまり「おはぎ」は秋に食べる餅菓子と言えます。

「ぼたもち」は漢字で「牡丹餅」と書きます。牡丹は春に咲く花で、おはぎと同様にあんこの小豆を牡丹の花に見立てているのです。つまり「ぼたもち」は春に食べる餅菓子なのです。

語源的に言えば前述の説明で間違いありませんが、他にも大きさによって言い分けたり、こしあんか、つぶあんか、によって言い分けたりする地域もあります。

「お刺身」と「お造り」

結論から言って、これらの違いはないというのが正しいかもしれません。語源的には、魚介類の切り身を生で食べる料理名として最初についたのは「お刺身」です。「刺身」という言葉ができた由来には諸説あります。最初のうちは「切り身」と呼ばれていましたが、縁起が悪いので「刺す」に変わったという説や、身だけでは何の魚か判断ができないため、お頭やヒレ、エラなどの魚の食べない部分を皿に「刺して」目印にしたなどです。

関西では「刺す」という言葉も縁起が悪いとされており、代わりに「調理」の意味を持った「造る」という言葉が使われだしました。このことから、**関東では「お刺身」、関西では「お造り」という認識が広まりました。**

また、切り身だけのものを「お刺身」、お頭やヒレなどが飾られているものが「お造り」という区別方法もあるようですが、共通しているのは、どれもはっきりとした使い分け方はされていないという点です。

「お通し」と「突き出し」

「お通し」と「突き出し」の違いは東西での呼び方の違いにしかありません。関東では「お通し」、関西では「突き出し」と呼ばれます。

「お通し」という言葉は、メニューを注文した直後に出されることから「注文を通しました」という意味で、こう呼ばれるようになりました。

「突き出し」はそのままの意味で、客の注文に関係なく突き出すように出される料理のことから、こう呼ばれるようになりました。

お通し（突き出し）は頼んでもいないのに出てくるものだからサービスかと思えば、会計時にはしっかりと料金が徴収されています。これらのサービスは、例えばお酒を1杯しか頼まない客がいたとしても、お通しで料金を取ることができることから生まれたものです。数百円であれば納得かもしれませんが、1000円台のお金を取られるとなると不満を感じる方もいるでしょう。お通しは断れる場合がほとんどなので、無駄な料金を取られたくない場合は入店時に確認するとよいでしょう。

「から揚げ」と「竜田揚げ」

お弁当のおかずといえば、やはりから揚げでしょう。似て非なるもので竜田揚げもありますが、何がどう違うのかを理解できているでしょうか。

「から揚げ」とは、鶏肉などの食材を醤油やみりんなどを合わせたタレに付けて下味を付け、小麦粉や片栗粉などを混ぜたものをまぶして揚げたものをいいます。フライドチキンも同様の作り方ですが、こちらは粉にコショウやハーブなどで下味を付けて揚げたものをいいます。

対して**「竜田揚げ」とは、から揚げと同じ下処理を施した後、最後に片栗粉をまぶして揚げたものをいいます。**竜田揚げはタレに付けて赤みを帯びた身が、奈良県の竜田川の紅葉のように見えることからその名が付けられました。

一番の違いはどの粉を付けて揚げるかによるようです。から揚げは小麦粉、または小麦粉に片栗粉などを混ぜたもの、または市販されている調整粉などを使用したものを指すことに比べ、竜田揚げは片栗粉のみを使用して揚げたものをいいます。

「カレーライス」と「ライスカレー」

カレーが日本に伝わったのは明治時代初めとされ、当初は「ライスカレー」と呼ばれていましたが、ある時点から「カレーライス」という呼び名に変わってしまったといいます。

一体いつ頃から変わってしまったのかは定かではありません。

「カレーライス」と呼ばれるものは、本来はカレーとライスが別々になって出されるものを指します。魔法のランプのような形の入れ物にカレーが入って、ライスは皿に盛ってある状態です。ちなみにこのカレーの入れ物の正式名称は「グレイビーボート」といいます。

一方の**「ライスカレー」は、皿に盛ったライスの上に、すでにカレーがかかって提供されるものを指します。**つまり一般的な家庭で食されるものはカレーライスではなく、正確にはライスカレーであるというわけです。

「コーンフレーク」と「シリアル」

忙しい朝の手軽な朝食として人気の「コーンフレーク」や「シリアル」。牛乳に浸して食べる派の人もいれば、そのままバリバリ食べる派の人もいるでしょう。様々な種類のものが販売されていますが、その違いがわかりますか？

「コーンフレーク」はその名の通り、トウモロコシを主原料にしています。乾燥させたトウモロコシを挽いて粉にした「コーンミール」という食品を元に作られています。

一方の**「シリアル」は、トウモロコシや小麦、大麦、オーツ麦、米などの穀物食品が主原料です。**これらを押しつぶしてフレークやチップにしたり、膨らませてパフ状にしたり、固めてバーにしたりと、様々な形に変化させます。また、ハチミツやチョコレートなどで味付けをしたりする場合もあります。

シリアルの主原料の中にもトウモロコシがあることからわかる通り、「シリアル」とは「コーンフレーク」をはじめとした穀物を加工した食品の総称なのです。

「ごはん」と「ライス」

「ごはん」は英語で「ライス」。このことに間違いはありません。しかし少なくとも日本においては、明確な違いがあるというのです。

ごはんを炊く際の手順としては、「米を研いで炊飯器にセットし、火にかけて炊き上げる」という方法がポピュラーだと思います。このように炊き上げたお米は、ふっくらとして水々しく、粘り気が強いのが特長です。これを「ごはん」と言います。

次に別の炊き方をご紹介しましょう。**米を研いで炊飯器にセットし、火にかけます。その後、一度水を捨ててから改めて水を入れて炊き上げます。**こうすることで「ごはん」に比べて粘り気の少ないお米が炊き上がります。これを「ライス」と言います。西洋料理などでは米の粘り気が料理に合わないことが多いため、わざと粘り気を落としたライスを使用するのです。

しかしながらカレーライスを例にしても、日本人の口には粘り気が強いごはんの方が合っているといえることから、この辺はあやふやな線引きがされています。

「シソ」と「大葉」

日本人には馴染み深い「シソ」と「大葉」。中国から伝来したとされますが、和風ハーブとも言われるように日本食の薬味や香辛料として広く利用されています。

シソは大きく「赤シソ」と「青シソ」に分類されます。

「赤シソ」は梅干しを作る際に使用されるのが代表的ですが、乾燥させたものは香辛料として利用されたり、ふりかけとして食したりもします。

一方の「青シソ」は、刺身や寿司、冷や奴などの薬味として生食することが多い印象があります。また青シソドレッシングなども人気の食品です。

それでは**「大葉」は一体何なのかというと、青シソの葉のことを指します。**シソは葉、芽、実など細かく分類され、利用されますが、その昔にシソを売る際にどの部位なのかを区別するために、青シソの葉のことを大葉と名付けたのです。

ちなみにシソは漢字で「紫蘇」と書きます。これは古い伝説で、食中毒で死にかけた若者にシソを煎じて飲ませ、蘇生（復活）したことから名付けられたそうです。

「キャンディー」と「ドロップ」

日本ではどちらも「飴《アメ》」を指す言葉ですが、棒が刺さっているのがキャンディーで、袋に包まれているのがドロップなのでしょうか?

アメの主な原材料は共通して砂糖ですが、その作り方の工程などによって様々な種類に分かれます。和菓子だけでいっても金太郎飴、黒飴、千歳飴、べっこう飴など、多種多様な種類が存在しています。アメは砂糖を液体状にした糖液を高温で煮詰め、冷まして固めることで完成します。煮詰める過程で香料や果汁などを加えて様々な味に変化を遂げるのです。この高温で煮詰めるという過程において、例えばドロップやスカッチなどは１４０～１６０℃で、キャラメルやヌガーなどは１００～１２５℃で煮詰めることによって完成します。

それでは「キャンディー」は一体どこに属するのでしょうか。**実はキャンディーとは、アメの全般を指す総称です。つまり、ドロップもスカッチもキャラメルも全部「キャンディー」ということになります。**

「ジャム」と「マーマレード」と「ゼリー」

ジャムやマーマレードはどちらも果物を原料として作られる、古くから存在する果物の保存食です。JAS規格（日本農林規格）において、「ジャム」も「マーマレード」も、そして「ゼリー」もまとめて「ジャム類」であると定義されています。

「ジャム」は果肉に2分の1から同量の砂糖を加え、100℃近くで煮詰めます。**「マーマレード」もジャムと同じような手順で作られますが、その違いは、その材料に果物の皮が含まれるか否かです。**つまりマーマレードには果物の皮も一緒に煮詰めるため、若干の苦味が生まれます。また、マーマレードに使われる果実はオレンジやグレープフルーツなどの柑橘類になります。

そして**「ゼリー」もジャム類でありますが、JAS規格においては果汁のみで作られたものがゼリーであると定義されます。**

最近では「ジュレ」と呼ばれる食品も多く使われるようになりましたが、こちらはゼリーよりも水分量が多いのが特徴です。

「海胆」と「雲丹」

ウニはヒトデやナマコなどと同じ「棘皮動物《きょくひどうぶつ》」で、漢字では「海胆」や「雲丹」と書きます。ウニは、ボラの卵巣を塩漬けにした「カラスミ」、ナマコの内臓の塩辛である「このわた」と並んで、日本の三大珍味として数えられます。

私たちが口にするウニの身と思われている部分は、実はウニの精巣・卵巣の部分で、数百円のものから高級なものになると一箱数万円というのも珍しくありません。

「海胆」という漢字は「海の内臓」という意味で、精巣・卵巣を指しているのです。

ウニは寿司や海鮮丼などとして主に食べられます。これらのウニは保存が効くように塩を用いて加工されたもので、漢字で「雲丹」と書きます。「丹」は「赤い」という意味が含まれており、その身が「赤い雲」のように見えることから、また、「雲」には「集まる」意味があることからこの漢字が当てられました。

つまり大雑把に説明すると、**生きている状態を「海胆」、食材に変わったものを「雲丹」と分けることができます。**

#「スダチ」と「カボス」

どちらもミカン科の柑橘類で、その果実は皮が緑色のままで収穫されます。サンマの塩焼きや焼きマツタケ、鍋などを食す際に、果汁をかけたり、ポン酢として加工したり、またジュースやお菓子などにも用いられます。

旬となる収穫時期は8~10月で、時期的に秋の味覚の心強いお供となることが多いです。しかしここまで似ている果物なのに、その生産地は異なります。両者ともその生産はほぼひとつの県で独占状態にあります。スダチは四国の徳島県で、そしてカボスは九州の大分県でほとんどが生産されているのです。

なによりその違いがハッキリしているのは、果実の大きさです。**スダチの果実がひとつ30~40g程度であるのに対して、カボスは100~150g程度と、大きさが全く違うのです。**

細かな点でいえば、カボスは果頂部の雌しべの落ちた跡の周囲がドーナツ型に盛り上がるので、そこでも区別することが可能です。

「スパークリングワイン」と「シャンパン」

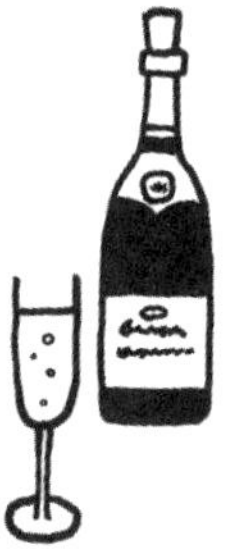

ワインには、赤ワイン・白ワイン・ロゼの他に「スパークリングワイン」というものがあります。これは二酸化炭素を多く含み、発泡するワインのことです。

通常のワインの製造方法では、発酵の段階で炭酸ガスが発生します。スパークリングワインは、この発酵が終わりきらないうちに瓶詰めすることで、瓶の中で発酵が続き、発生した炭酸ガスがワインの中に溶け込んで発泡するのです。この際、炭酸ガスの発生をより活発にするため、砂糖などの糖類を加えることもあります。

日本ではこのようにできたスパークリングワインの総称として「シャンパン」という言葉が使われがちですが、そうではありません。

シャンパンはフランスのシャンパーニュ地方特産のスパークリングワインのことを指します。シャンパンの名称の使用は、TRIPS協定によって世界中で保護されており、フランスの国立原産地名称研究所が定める品質保証を受けた発泡性ワインのみ、正式に名乗ることができます。

「スルメ」と「アタリメ」

イカの内臓を取り除き、乾燥させた食品のことを「スルメ」といいますが、「アタリメ」という言葉も聞いたことがあるでしょう。

結論からいうと、両者は全く同じ食べ物であり、違いはありません。

「スルメ」はスルメイカから作られることからその名が付きましたが、**その昔、スルメを販売する商人たちの間で、「スル」（損をする）という言葉が入っていると縁起が悪いということで、「スル」を「当たり」という字に変えて「アタリメ」と呼ばれるようになりました。**

ちなみにスルメの最高級品は一番スルメと呼ばれ、ケンサキイカやヤリイカを用います。スルメイカを用いたものは、二番スルメと呼ばれます。

スルメは長期間保存可能なうえ、100gあたり334キロカロリーもあり、タンパク質、ナトリウム、銅、亜鉛、タウリンなどの栄養素が豊富に含まれている万能な食べ物なのです。また、縁起物としても一役かっており、「寿留女」という漢字をあてがって結納品としても用いられます。

「せんべい」と「おかき」と「あられ」

どれもお米が原料に使われているのには違いはありません。「せんべい」と「おかき」と「あられ」を区別する要素は、原料に使用されている米の種類とお菓子自体の大きさにあります。

うるち米を原料として作られたものが「せんべい」になります。大きさにかかわらず、うるち米が原料のものは全て「せんべい」です。うるち米とは、普段私達が食事の際に食べるお米の種類です。

もち米から作られたものが「おかき」です。うるち米ともち米の違いは、含まれているデンプン質の量の違いで、もち米は炊きあがった米がその名の通りもっちりとしています。

「あられ」もおかきと同じくもち米から作られます。おかきとの違いはその大きさにあります。**一般的に大きいものが「おかき」で、小さく丸まっているような形をしているのが「あられ」になります。**

「ツナ」と「シーチキン」

「ツナ」は、スズキ目サバ科マグロ属に分類される魚の総称の英名です。一般的に「マグロ」の英名であるという認識がありますが、正確にはカツオなども含んだ広い意味があるのです。それでは「シーチキン」という言葉は、どういう意味があるのでしょうか。

日本では「ツナ」と言えば、多くの方はマグロの肉を油漬けにした「ツナ缶」を想像することでしょう。ツナ缶は手軽に良質なタンパク質が摂取でき、サラダにも合うため人気のある食品です。

そして**シーチキンは間違いなくツナ缶を指す言葉なのですが、一般名詞ではなく、はごろもフーズが商標登録している商品名なのです。**ツナの味が鶏のササミに似ていることから、「シーチキン（海の鶏肉）」と名付けられました。

ツナ缶のシェアの大半をこのシーチキンが占めるため、「ツナ缶」＝「シーチキン」という認識が生まれたのです。

「チャーハン」と「ピラフ」

どちらの料理もいくつかの具材とともに、米がパラパラになるように炒められた料理であるという印象です。

それぞれの発祥の地は「チャーハン」は言わずもがな中国、「ピラフ」は地中海のイメージがある通り、トルコです。

両者の違いはその調理過程にあります。**チャーハンは炒め飯ともいうように、炊いた米を具材と一緒に炒めます。対してピラフは生米を調味料やバターなどで炒め、味がついた状態の米をスープを用いて炊き上げます。**そのため、ピラフはパラパラの米粒というわけではありません。

チャーハンもピラフも具材や味付けは、地域や家庭によって千差万別。チャーハンっぽいピラフもあれば、ピラフっぽいチャーハンもあるでしょう。

しかし、作り方の手順でどの料理なのかを断言することができるのです。

「ナチュラルチーズ」と「プロセスチーズ」

チーズはおよそ1000種類以上あるとされ、その内の3割は日本でも購入することができると言われます。そんなチーズを大きく分けると「ナチュラルチーズ」と「プロセスチーズ」に分類することができます。

チーズは、牛乳や山羊乳に含まれるカゼインというタンパク質を凝固させて作られます。このチーズはフレッシュチーズと呼ばれ、これをさらに塩や微生物を加えて熟成させることで、スーパーやコンビニなどでよく目にするチーズになるのです。「ナチュラルチーズ」は前述した方法で作られたチーズの総称です。前述したフレッシュチーズを含め、白かびチーズ、ウォッシュチーズ、シェーブルチーズ、ブルーチーズ、セミハードチーズ、ハードチーズの7種類に分類されます。

「プロセスチーズ」は、ナチュラルチーズを一度溶かし、乳化剤を加えて固めることででき上がったチーズです。加熱殺菌されているため発酵が止まっており、長期保存が可能となるのが特長です。

「ぞうすい」と「おかゆ」と「おじや」

いずれも、お米が柔らかくなるように作られる食べ物であることに違いはありません。違いはその手順にあるのです。

「ぞうすい」は出汁《だし》に炊いた米と一緒に好きな具材を入れて煮込みます。「おかゆ」は生米を多めの水で煮込んだもので、一般的には具材などは入れずに調理します。「おじや」は炊いた米を一度水洗いしてぬめりを取り、ぞうすいと同じく出汁に好きな具材を入れて煮込んで水分を飛ばし、とろみがあるものをいいます。

このように、米の状態や具材の有無などで呼び名が異なります。

ちなみに、体調不良の際にこれらのメニューを食べることが多いですが、このような食べ物の場合、よく嚙まずに飲み込んでしまいがちです。すると、嚙むことによって分泌される唾液中のアミラーゼやペプシンなど、消化に必要な消化酵素が分泌されず、逆に胃へ負担をかける恐れがあります。

体が弱っているときほど、よく嚙んで飲み込むようにしましょう。

「そうめん」と「ひやむぎ」

夏の暑い季節、食欲が低下しがちな胃袋にやさしいのが「そうめん」や「ひやむぎ」です。どちらも麺つゆに付けてズルズルっと食べる麺料理ですが、どのような違いがあるのでしょうか。

原材料はどちらも同じ小麦粉で、見た目でいえば「ひやむぎ」の方が太く、角ばった形をしているのがわかります。つまり違いは製造過程にあるのです。

「そうめん」は、練った小麦粉を何度も伸ばしては折りたたみ、伸ばしては折りたたんで細く細くしていきます。JAS規格（日本農林規格）では1・3㎜未満の太さでなければいけないとされています。細くなった束の両端を切り落として完成です。**「ひやむぎ」は、練った小麦粉を平らにし、そばやうどんのように一定の間隔で切っていきます。**JIS規格では太さ1・3㎜以上、1・7㎜未満と規定が決まっています。さらに太さが1・7㎜以上になると「うどん」になります。

ちなみにこれらの麺を熱いスープで食べる場合は「あつむぎ」と呼びます。

「ビスケット」と「クッキー」

「ビスケット」は小麦粉を主原料として作られたお菓子のことです。

日本ではサクサクの食感の一口サイズのビスケットが一般的ですが、アメリカでは外はサクサク、中はふっくらとした食感のパンのことをいいます。

対する「クッキー」は、1971年「ビスケット類の表示に関する公正競争規約」によって、糖分と脂肪分が40%以上含まれていて、手作り風の外見をしているものという取り決めが定められました。

日本でこうした分類がされるようになったのは、当時ビスケットよりも高級であるとされていた「クッキー」の名称を使って、安価なビスケットを販売する恐れがあり、消費者の混乱を防ぐためであるとされます。

ただしこうした分類は日本独自のもので、海外ではそもそも分けて呼ぶことがあまりなく、クッキーという言葉自体が存在しない国もあるようです。

「ハム」と「ベーコン」

朝食にハムエッグとベーコンエッグ、どちらが好みですか？　ハムの方がヘルシーな感じがしますが、両方とも肉を塩漬けにしているので塩分濃度は高めです。見た目で違いは判断できますが、どちらも一般的には豚肉を加工した食品であり、具体的にどう違うのか聞かれると解答に困ります。

一般的にハムは豚肉を使用しますが、鶏肉を使った鶏ハムや、魚肉ハムなどもあります。**ハムは塩漬けにした肉を糸で巻いたりして燻製し、加熱処理をしたものです。**加熱処理をしないで食べる生ハムもあったりと、ハムの定義は幅広いです。

一方のベーコンも豚肉を使用します。しかし糸で巻いたりせずに燻製にかけ、その後の加熱処理も行いません。そのため、ハムはそのまま食べられますが、**ベーコンは焼いて調理する必要があります。**

どちらも燻製の手順を踏みますが、燻製は発がん性物質が生じるとの指摘もあるため、保存処理としてではなく、香り付けの意味合いで燻製が行われます。

「バルサミコ酢」と「ワインビネガー」

バルサミコ酢はブドウを主原料とした果実酢のひとつです。ブドウの果汁を煮詰め、クリやサクラなどの異なる木材でできた樽に移し替えながら熟成させます。この木材の違いが、お酢に含まれる香りやコクを左右し、他の酢にはない甘味も生まれるため、デザートなどにも用いられることがあります。**バルサミコ酢の「バルサミコ」は、この製法を元に付けられた名前で、日本語に訳すと「芳じゅんな香り」という意味であり、バルサミコ地方で作られるお酢というわけではありません。**

ちなみにバルサミコ酢はイタリアで作られる酢で、同じヨーロッパのフランスでは「ワインビネガー」が作られています。ワインビネガーもバルサミコ酢と同じくブドウを主原料とした酢ですが、製造方法に違いがあります。

ワインビネガーはブドウの果汁にワイン酵母を加え、もろみを醸造します。このもろみに酢酸菌を加え発酵させます。さらにワインを継ぎ足し、長期間熟成させてワインビネガーとして完成します。

「ピーマン」と「パプリカ」

ピーマンはナス科トウガラシ属の植物ですが、実はパプリカもピーマンと同じくナス科トウガラシ属の植物で、同じ品種なのです。**同じ品種なだけあり、明確な定義はありません。**

まずはトマトを想像してください。トマトの成長は緑色の果実から、熟していくことで赤色の実になり収穫の時期を迎えます。ピーマンもこれと同じで、熟していない緑色の段階で収穫されるのです。もちろん熟すことで赤色になりますが、この段階で収穫されるものはパプリカではなくカラーピーマンと呼ばれるものになります。ピーマンの原産地はアメリカで、日本には明治時代に入ってきました。

一方のパプリカはハンガリーが原産で、「パプリカ」とはハンガリー語です。日本には平成になってから普及し始めました。

そして同じ品種ですがピーマンは苦味があり、パプリカは甘みがあります。そのため一般的には味の違い、そして果肉の厚さの違いで分類されます。

「ピザ」と「ピッツァ」

ピザはもともとイタリアのナポリが発祥で、正しい呼称は「ピッツァ」になります。これがイタリアの移民によりアメリカに広められ、それが日本に輸入されて「ピザ」と呼ばれるようになりました。ピザという呼び方は日本独自のものであるとされます。

このことから日本では、アメリカ式のものを「ピザ」、イタリア式のものを「ピッツァ」と呼んで区別するようになったのです。そしてアメリカ式とイタリア式のピザ（ピッツァ）には、大きく分けて食べ方に違いがみられます。

「ピザ」は丸い刃が付いたピザカッターを使い、切り分けて複数人でシェアしながら食べられます。そのため、直径50㎝ほどの大型のピザも普及しています。

「ピッツァ」は基本的に一人につき1枚で、ナイフとフォークを使って切り分けて食べるか、カットされていない、またはカットする器具がない場合には折りたたむようにして食べます。そのため、直径は30㎝ほどと小型なものがほとんどです。

「ブロッコリー」と「カリフラワー」

同じアブラナ科アブラナ属に属する野菜で、緑色が「ブロッコリー」、白色が「カリフラワー」という見分け方ができます。どちらも花蕾《からい》と茎を食用とします。花蕾というのはモコモコした部分を指します。キャベツの品種改良、突然変異によって誕生した植物です。

「ブロッコリー」は緑黄色野菜に分類され、収穫後は低温で保存するのが良いとされます。**カリフラワーよりもビタミンCが多く含まれていますが、茹でた際にビタミンCが損なわれやすい性質を持っています。**花蕾があまり密集しておらず、伸びた茎の先端に花蕾を付けます。

「カリフラワー」は淡色野菜に分類され、収穫後は常温での保存も可能です。**ブロッコリーよりもビタミンCの含有量は少ないですが、熱による損失が少ないため、調理後はブロッコリーと同程度のビタミンCが残ります。**花蕾が一ケ所に密集しているのが特徴で、オレンジや紫色の花蕾をしたカリフラワーも存在します。

「ホットケーキ」と「パンケーキ」

ホットケーキは日本に古くからあり、なじみ深い食べ物です。対してパンケーキは、アメリカのテレビドラマや映画などで食べている姿をよく見かけます。

ホットケーキが初めて登場したのは、1923年のこと。日本橋のデパートの食堂でハットケーキという名前で提供されていました。それが転じて「ホットケーキ」と呼ばれるようになったのです。当時から既に原材料に砂糖が使われており、甘い味わいでした。このことから、ホットケーキはケーキの一種のようなスイーツとして広まっていったのです。

一方のパンケーキ、この言葉にある「パン」は、食品のパンのことではなく、フライパンなどの取っ手のついた平らな調理器具であるパンを意味しています。パンケーキは、パンを使用して作ったケーキの総称なのです。

一般的なパンケーキは材料に砂糖は入っておらず、甘さを控えた食事として食べたりされますが、甘みを足してホットケーキのように食べたりもします。

「みりん風調味料」と「みりん」

調味料のみりんのラベルを見ると「みりん風調味料」と書いてあるものがあります。あくまでも「みりん風」と書いてあるあたり、偽物のみりんなのでしょうか。

「みりん」とは、約40～50％の糖分を含み約14％程度のアルコール度数のものを指します。これを「本みりん」といい、アルコール飲料として分類され、当然ながら酒税法によって酒税も徴収されます。

「みりん風調味料」とは、アルコール度数を1％未満に抑えたものにうま味調味料や水飴などの糖分を加えた物で、あくまでもみりんに似せた物になります。**これによって酒税を回避することができますが、本みりんと比べると酸化や腐敗など品質の劣化が早いため、開封後は速やかに使い切る必要があります。**

本みりんは江戸時代に清酒が誕生するまでは、甘みがある高級酒として飲まれていました。次第にソバつゆや蒲焼きのタレを作る際の調味料として使われるようになり、現在では和食において一般的に使われるようになったのです。

「懐石料理」と「会席料理」

日本人でも普段はあまり口にすることのない料理で、一見するとどちらも高級な料亭で出される料理のイメージがあります。

「懐石料理」は、茶会の前に出されるコース料理が簡略化されたものです。本来は一汁三菜が基本で、少量の旬の食材で茶道のワビサビを表現し、来客をもてなす意味があります。元来は「会席」という字を使っていましたが、後に「懐石」となりました。これは禅宗が温めた石を懐にしのばせ、胃を暖かくして空腹をしのいだことが由来とされます。つまりは**空腹をしのぐための質素な食事が懐石料理であるとされます。**ちなみに「懐石」そのものが「料理」という意味を含んでいるため、懐石料理と書くと「懐石料理料理」となってしまいますのでご注意を。

そして「会席料理」は、室町時代の貴族が客人に振る舞う豪華な食事を会席料理といっていましたが、現在では宴会の席で食べるようなコース料理のことを指すことが多くなっています。

「木綿豆腐」と「絹ごし豆腐」

どちらの豆腐も、豆腐として作られる製造工程は一緒です。二つの豆腐の違いは、型箱に流し込む工程から差が生まれます。

木綿豆腐を製造する型箱には、小さな穴が開いています。この型箱に木綿の布（化学繊維で代用することもある）を敷き、ニガリを混ぜた豆乳を流し込んで重しを載せて水分を切ります。こうしてでき上がった豆腐は、固い食感で、表面には木綿の布の跡が残ります。**木綿の布を使うことから、木綿豆腐と名付けられました。**

絹ごし豆腐は、穴の開いていない型箱を使います。木綿豆腐と比べて濃度の濃い豆乳を使用し、ニガリを混ぜて型箱に流し込んだ後は重しなどを使用せずに固めます。こうすることで食感はツルッとした、なめらかな口当たりの豆腐が完成します。

絹ごし豆腐は絹の布でこしているわけではありません。しっかりとした舌触りに対してツルッとした舌触りであることから、木綿に対しての絹であるという発想で名前が付けられたのです。

「ミルクティー」と「ロイヤルミルクティー」

紅茶といえばヨーロッパのイメージがありますが、ミルクティーはモンゴルやチベットで牛や羊の乳を入れて飲んでいたのが始まりとする説もあります。販売されているものを見ると、ミルクティーよりも高級そうなパッケージで「ロイヤルミルクティー」というものがありますが、普通のミルクティーと何が違うのでしょうか。

ロイヤルミルクティーは普通のミルクティーに比べて高級な茶葉やミルクを使用している、またはミルクの比率が多いと思っていた方は間違いです。**ミルクティーはお湯などで煮出した紅茶にミルクを入れて完成させますが、ロイヤルミルクティーはその製法が異なり、茶葉を直接牛乳で煮出すのです。**ただし、紅茶の風味を強く出したいときなど、最初は少量のお湯を使うこともあります。

ちなみに「ロイヤルミルクティー」という言葉は和製英語で、本場イギリスを始めとする英語圏では「シチュードティー」と呼ばれています。ロイヤルミルクティーという言葉は、紅茶メーカーのリプトンによって広められたのです。

「黒コショウ」と「白コショウ」

力強い香りと辛さをもち、肉料理と相性抜群の黒コショウ。それとは対照的に淡白な辛さで、魚料理と相性抜群の白コショウ。はるか昔にはコショウは貴重な高級品であり、金銀などと同等の価値があったとされています。

コショウはつる性の植物になる実から精製されます。このコショウのつるは最大で9mにも達します。**コショウの実はトマトのように、緑色から赤色へと熟していきますが、どの過程でどのように手を加えるかによって分かれているのです。**

黒コショウは実が熟す前の緑色の段階で採取され、皮をつけたまま乾燥させます。天日で乾燥させることで、緑色の実はみるみる黒くなり、おなじみの黒コショウができ上がります。

白コショウは実が熟して赤くなってから採取されます。採取した実はまず2週間ほど水に浸してから皮を取り除き、その後に乾燥させます。皮を取り除いてしまうため、皮から出る色素や渋みがなくなり、あっさりした味わいになるのです。

「白ゴマ」と「黒ゴマ」と「金ゴマ」

ゴマの成分の半分を占める油脂はリノール酸やオレイン酸などの不飽和脂肪酸であり、免疫力を高めたり、コレステロール値を下げる働きがある、健康的な油です。日本では、ゴマは99・9%を輸入に頼っており、その輸入量は約16万トンにもなります。私たちの食生活に深く根付いていると言えるでしょう。ゴマは外皮の色によって白・黒・金の3種類に分類されます。

白ゴマはアフリカや東南アジアを始めとした世界各国で栽培されます。黒ゴマよりも脂質が多く含まれているため、ゴマ油の原料ともなります。

黒ゴマは中国や東南アジアなどの限られた地域で栽培されます。外皮が硬いのが特徴的で、すりゴマとしての利用が多く、黒い種皮には多くの栄養素が含まれます。

金ゴマはトルコ産の金ゴマが有名で、味わいも深く香りが高い高級なゴマです。

それぞれのゴマの栄養成分はほとんど変わりません。どれも体に良い影響を与えてくれる成分が多く含まれているので、積極的に摂取すると良いでしょう。

「糸こんにゃく」と「しらたき」

こんにゃくはサトイモ科の植物で、その球根部分にあたる球茎を粉末状にして加工したものです。お鍋にも良し、おでんにも良し、罰ゲームにも良し、と三拍子揃ったこんにゃくは、決して主役ではないけれど、和食の名脇役でもあります。さらにこんにゃくを加工したものに、「糸こんにゃく」と「しらたき」があります。

本来の「糸こんにゃく」は通常の板こんにゃくを作り、それを細く切り出したものです。対して「しらたき」は糸こんにゃくとは逆に、こんにゃくが固まる前に細く切り出してからゆで固めたものです。細く切り出す工程がまるで滝のように見えることから「しらたき」（白滝）と名付けられたそうです。

関西では糸こんにゃくが、関東ではしらたきが生まれ、製造方法の違いから区別されていましたが、現在では糸こんにゃくもしらたきと同様の製造方法になってしまったことから、**白い色をしている方が「しらたき」、本来のこんにゃく色のものを「糸こんにゃく」**と区別するのが一般的になっています。

「サイダー」と「ラムネ」

どちらも炭酸水に糖類を加えただけの飲み物で、ソーダ水と呼ばれる飲料の一種になりますが、容器以外に違いはあるのでしょうか?

「サイダー」はフランス語で「リンゴ酒」を意味する「シードル」が語源になります。海外ではアルコールの含まれたものが一般的で、日本のようにソフトドリンクとして飲まれるのは珍しいのです。

「ラムネ」は明治時代に日本に伝来され、当時はレモン水として販売されていました。レモン水は英語で「レモネード」といい、これが転化して「ラムネ」と呼ばれるようになりました。確かにレモネードを英語っぽく発音していると、ラムネに聞こえてくるような気がします。

また、ラムネの瓶は、中にビー玉が入っているのが特徴的です。このビー玉を入れる手順は単純で、通常の瓶の真ん中くらいをしぼませ、ビー玉を入れてから飲み口の部分を形成するのです。

「焼き肉」と「バーベキュー」

純粋に肉を焼いて食べる焼き肉以外にも、すき焼きやしゃぶしゃぶなど、日本では肉を焼いて（火を通して）調理する料理はいくつかあります。例に挙げたいずれの料理も、焼いては食べを繰り返す料理であることがわかります。

つまり、**焼き肉は調理と食事が同時進行しているのです。**

対するバーベキューはアメリカが本場ですが、その趣向は大勢が集まったパーティの場で行うといった印象があります。そのため、ホストはゲストを楽しませるべく様々な工夫をします。そして、**まずは肉や野菜を焼きあげて皿に盛り付け、みんなで一斉に食べ始めるというのが一般的です。**

日本人が行うバーベキューは、みんなでワイワイと肉を焼きながら食べている印象がありますが、それは本場のバーベキューからするとご法度なのかもしれません。

「新米」と「古米」

実は新米と古米の区別について、明確な定義はありません。

しかし、日本では「米穀年度」という基準があることにはあります。前年11月1日から当年10月31日までを一区切りとし、この期間を過ぎたものは古米扱いになるというものです。米穀年度は収穫時期を基準にしたもので、かつては米の収穫が11月頃から始められていたため、11月1日が年度の始まりとされました。しかし昨今は収穫時期が9月や10月に早まっていることから、米穀年度のあり方が揺らいでいます。また、梅雨時期に品質が大きく変化するため、この時期を境とする見方もあります。

一般的にはその年に収穫されたものを「新米」、その米が翌年になると「古米」と呼びます。そしてあまり知られてはいませんが、その古米がさらに翌年まで持ち越されると「古々米」となり、もう1年経過すると「古々々米」、さらに1年経過で「古々々々米」という風に、「古」が年数分だけ付け加えられていくのです。

「水に浮く野菜」と「水に沈む野菜」

基本的には地上で育った野菜は水に浮きます。重くて浮きそうにないスイカも、地上で育った野菜としてしっかりと浮きます。逆に地中で育った野菜は水に沈むのです。レンコンは穴がたくさん開いているので水に浮きそうなイメージですが、レンコンは地中で育つ野菜なので、ちゃんと沈んでくれます。

なぜこのようなことが起こるかというと、**空気密度の違いです。** 地上で育つ野菜は空気の密度が非常に高く、水に浮きやすいのです。逆に地中で育つ野菜にはあまり空気は含まれていません。雨などでぬかるんだ土壌でも野菜が浮いてこないように進化を遂げたといわれます。

ただし例外はあり、その代表格がトマトです。トマトは地上で育つ野菜なので浮くはずですが、沈むトマトもあります。これは成熟度合いが関係しており、熟したトマトは水に沈みますが、まだ若いトマトは水に浮いてしまいます。また、タマネギは地中でできる野菜なのに水に浮くという特性を持っています。

「生ビール」と「ラガービール」

ビールを選ぶとき、生ビールや発泡酒などの他にラガービールというものがあります。

ラガービールの存在は知っているけど、生ビールと何が違うのかわからない方も多いのではないでしょうか。そもそも生ビールとは何なのでしょうか。

ビールは、主に大麦を発芽させた麦芽をビール酵母で発酵させて作る製法が一般的です。基本的に酵母の活動を抑えるため、60℃前後の低温殺菌が行われます。この熱処理が行われたビールは「熱処理ビール」と呼ばれます。逆に熱処理を行わず、特殊なろ過装置で酵母を取り除くビールが「生ビール」です。別名「ドラフトビール」と呼ばれます。つまり**缶でも瓶でも、製法さえ合えば生ビールなのです。**

「ラガービール」は酵母を低温でわざと発酵させ、そのまま低温で長期間貯蔵、熟成させたものです。切れのよい苦みとなめらかでマイルドな味わいを持つと言われます。「ラガー」とはドイツ語で「貯蔵」という意味です。

「赤ワイン」と「白ワイン」

ワインはブドウを発酵させて作られます。大量のブドウを桶に入れて足で踏み潰しているシーンを見た人もいるでしょう。赤ワインは黒ブドウ、白ワインは白ブドウから作られますが、製造過程にも違いがあります。

「赤ワイン」はブドウに手を加えることなく、皮と果肉、種を残したまま発酵させます。そうすることで、皮や種にふくまれているタンニンという成分によって、ワインは赤く染まり、独特の渋みと酸味が生まれるのです。

「白ワイン」は発酵の前に皮と種が取り除かれます。タンニンが含まれていない分、さっぱりとした味わいになります。

ワインといえばピンク色をした「ロゼ」もあります。赤ワインと白ワインの中間の様なワインですが、その作り方も中間を取ったような作り方で、発酵の途中で皮を取り除くのです。そうすることで淡いピンク色のワインができ上がります。

「赤味噌」と「白味噌」

どの味噌も原材料は全く同じで、手順もほとんど共通になります。

赤味噌は大豆を蒸してから、麹と塩を混ぜ込み、1年以上の長期間の熟成を行います。大豆の浸水時間も長く、塩の量は白味噌と比べて多いです。

白味噌は大豆を煮てから、麹と塩を混ぜ込み、1～2週間など短期間の熟成を行います。大豆の浸水時間は短く、塩の量も赤味噌と比べて少ないです。

細かな違いはありますが、**一番の違いは「蒸す」か「煮る」かです。**この工程が色の変化に大きく関わっています。大豆は高温で蒸されることにより、タンパク質が酵素によって分解する力を増します。これにより、茶色の味噌が生まれるのです。

一方の白味噌は、大豆を蒸さずに煮て処理をし、すぐに麹と塩を混ぜて桶に移し発酵状態へと持って行きます。こうすることで急激な温度の変化などによる品質の変化を防ぎ、色の変化を抑えます。さらに淡色を強くするため、大豆は脱皮したものを使用し、麹も着色の少ないものが使用されます。

「大豆」と「丸大豆」

大豆から作られる食品はたくさんあります。

例えば醤油の場合、「丸大豆醤油」などとわざわざラベルに印字されていることがありますが、普通の醤油や味噌とどう違うのでしょうか。

醤油の場合、大きく「丸大豆醤油」と「脱脂加工大豆醤油」の2種類に分けられます。脱脂加工大豆はあまり聞き慣れない言葉ですが、丸大豆醤油以外の醤油は全てこの脱脂加工大豆が使われています。読んで字のごとく大豆から油を取り除くように加工されており、熟成期間が短く済むうえにコストが安いのが特徴です。

丸大豆は大豆の品種というわけではなく、「丸ごと」や「丸のまま」といった意味になります。脂肪分を抜かないため、熟成の段階で脂肪分に含まれる油がグリセリンという成分に変わり、まろやかな風味と深いコク、甘みなどを引き出してくれます。脱脂加工大豆に比べて長い熟成期間が必要になり、コスト面でも高くなってしまうのがデメリットです。

「中華料理」と「中国料理」

中国人が日本にくると、故郷の料理が2種類に分かれていることに驚くとか。

街中でよく見かけるのは「中華料理」と書かれた看板を掲げた店ばかりで、「中国料理」と書かれた店はあまり見かけることがありません。しかし、この2つにはれっきとした違いがあるのです。

本場の中国人が中華料理店でメニューを頼むと、故郷の味とはほど遠い料理が運ばれてきます。ラーメンやチャーハン、餃子などのリーズナブルなメニューが多いのが特徴的で、確かに本場でも食べられる物ですが「中華料理」とは日本人の口に**合うように味が改良されており、いわば「中国料理風の和食」という言い方ができるのではないでしょうか。**

対して「中国料理」は本場の味を楽しめる分、敷居が高いのが特徴です。北京ダックやフカヒレなどの高級なメニューが多いのも違いのひとつです。**テレビなどでよく見る丸いテーブルを回転させながら食べるのは、中国料理になります。**

「無農薬」と「オーガニック」

毎日のように口にする米や野菜。身近な食品だからこそ、健康に気遣って無農薬食品やオーガニック食品を選ぶ人が増えています。どちらも農薬に頼らず、自然のままの状態で育てた作物というイメージがあります。

「無農薬栽培」は栽培期間中に農薬を使用せずに栽培された作物を指します。例えば前年度に農薬を使って栽培した土壌と同じ土壌で無農薬栽培を始めたとしても、その年に農薬を使っていなければ無農薬といえるのです。

「オーガニック」とは日本語で有機栽培という意味です。有機栽培も基本的には農薬を使用しません。そのうえ、最低3年以上農薬を使っていない土壌であることなど、有機栽培を謳《うた》うには有機農業推進法に基づいた厳しい審査を通過しなければなりません。その他にも細かな要項があり、厳密に管理されているのが有機栽培なのです。しかし農薬を全く使わないのではなく、限られた一部の農薬は使用することができるのが有機栽培の特徴ともいえます。

「落花生」と「ピーナッツ」

「落花生」は英語で「ピーナッツ」と言います。

マメ亜科ラッカセイ属の一年草であり、私たちが普段口にするのはその種の部分です。この情報だけをみると、落花生とピーナッツはよび方の違いだけのように感じます。

落花生は南米原産の植物で、江戸時代に日本に入ってきました。食べる際には厚い殻の部分を割って中の実を取り出し、さらに茶色の薄皮をむいて食べます。薄皮ごと食べる人もいるようですが、むいて食べる派の方が多数派でしょう。

落花生とピーナッツは、実はこの時点で分かれるのです。

つまり、**殻または薄皮がついた状態のものを落花生、全て取り除かれて実だけになったものがピーナッツであると厳密には区別されるのです。**

落花生の薄皮にはポリフェノールなどの栄養素が豊富に含まれているため、健康や美容を少しでも気遣うのならば薄皮ごと食べる方が良いでしょう。

「緑茶」と「紅茶」と「ウーロン茶」

日本は世界でも有数の緑茶の生産量を誇っています。しかしやはり本格的な紅茶を飲むならイギリスの茶葉で、ウーロン茶なら中国でしょう。そしてこれらのお茶には、ある共通点が存在します。

緑茶も紅茶もウーロン茶も、実は同じ「カメリアシネンシス（和名：茶の木）」という木から採取できる茶葉から作られているのです。この茶葉の発酵度合いによって、どのお茶になるのかが決まっています。

紅茶は酸化酵素の働きによって茶色になるまで完全に発酵させた状態にしたもので、ウーロン茶は半分の量を発酵させたもの、そして緑茶は全く発酵をさせないものです。これら3種類の他にも、黄茶、白茶、黒茶、青茶などがあります。

これら全てのお茶は全く同じ茶葉ですが、どのお茶にしたときに一番おいしくなるかは産地によって異なるようです。ちなみに紅茶なら、インドのダージリン、スリランカのウバ、中国のキーマンが三大産地として有名です。

「冷や酒」と「冷酒」

日本酒の飲み方は、酒の肴や季節によって好みが分かれます。熱い温度で飲みたいときもあれば、冷たい温度で飲みたいときもあります。注文をする際には、温めて欲しいのならば「燗《かん》」と伝えますが、冷やして欲しい場合は注文方法に注意が必要かもしれません。

「冷や（冷や酒）で」と注文した際に、常温のお酒が出てきて驚いた方も多いのではないでしょうか。しかし本来はそれが正解なのです。冷や酒は約15～20℃の温度に調整されたお酒をいいます。

日本酒の歴史を考えると当然ですが、**昔は簡単に冷やすことが難しく、温かいか常温かの選択肢しかありませんでした。**これを「燗」と「冷や」で区別していたのです。つまり燗に対しての冷やなので、常温が正しい温度です。

冷たい日本酒は「冷酒」と呼ばれますが、こちらは約5～15℃のお酒をいいます。冷蔵庫の普及と共に広がった、いわば新しいお酒の温度なのです。

「和からし」と「洋からし（マスタード）」

どちらも色は黄色でペースト状になっているという点は共通です。外見での違いと言えば、洋からしには何やらツブツブしたものが入っていることがあるということくらいです。これらのからしは全く違うものなのでしょうか？

からしはからし菜という植物の種から作られます。**和からしと洋からしでは、このからし菜の品種が違います。**

種を粉状にすり潰し、そこに水などを加えて練ったものが和からしです。鼻を抜けるような強い辛さを持っているのが特徴です。和からしはオリエンタルマスタードとも呼ばれ、オリエンタルマスタードの種は主にアジア圏で生産されています。

一方の洋からしは、酢、ワイン、塩、砂糖など様々な調味料を加えて作られます。そのため辛さもマイルドで、風味を楽しめるからしなのです。洋からしはマスタードとも呼びますが、正確にはイエローマスタードといいます。ちなみに中に入っているツブツブは、粗挽きにしたからし菜の種です。

牡蠣の「生食用」と「加熱用」

牡蠣は加熱用だからといって鮮度が劣っているワケではありません。同じ日に水揚げされ、同じ日に出荷された牡蠣が、生食用と加熱用とで分けられるのです。では一体なにを基準に分けられているのでしょうか。

答えは、どこの「海域で採れたか」の違いです。牡蠣は体内で菌が繁殖してしまい、それを人間が口にすると食中毒になってしまいます。生食用として出荷できる海域は保健所によって指定されており、しっかりとした除菌・滅菌処理が行われた状態で養殖されているため、食中毒の危険性はないのです。

また、加熱用の方がより多くの栄養素が含まれていますが、生食用の牡蠣は内臓をきれいにするために数日間、断食状態にする必要があり、身が痩せてしまうともいわれています。

しかし大事なのは、生で食べる際は必ず生食用の牡蠣を食べることです。安いからといって加熱用の牡蠣を生で食べてしまうと、痛い目をみてしまいます。

第4章

社会の決まり

「アルバイト」と「パート」

「労働」は国民の三大義務のひとつであり、国民の持つ権利でもあります。様々な雇用形態がある中で、何だかフワッとしているのが「アルバイト」と「パート」の違いです。アルバイトをするのは学生で、パートをするのが主婦というイメージがありますが、学生がパートをすることは不可能なのでしょうか？

「アルバイト」の語源はドイツ語で「仕事」を意味する「Arbeit」で、日本では企業によって雇用される労働者のことを指します。**アルバイトはあくまでも本業があり、そのかたわらで働くことをいいます。**

「パート」は英語の「パートタイマー」が語源で、直訳では「部分的な時間」となるように、短い時間を働く者のことをいいます。

学生でパート勤務の人がいないのは、あくまでも学業が本業であるとされるからです。それと同様に、自営業で働いている主婦はパートではなくアルバイトであると表現するのが正しいのです。

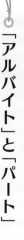

「元日」と「元旦」

正月は無事に旧年が終わり、新年の始まりを祝う行事です。

その期間に明確な定義は存在しません。1月1日から3日までの三が日《さんがにち》を正月とするのが一般的ではありますが、1月7日までの松の内や、1月20日や1月30日までを正月とする地域もあります。

しかし「行政機関の休日に関する法律」では、12月29日から1月3日までを休日と指定していることから、多くの企業もこの期間を休日とすることが多いです。

さて、そんな正月の中でも、1月1日の呼び方に「元日」と「元旦」があることにお気付きでしょうか。その違いは漢字の成り立ちにあります。

「元日」はその通り1月1日のことを指します。そして「元旦」は「日」という漢字の下に「一」と書かれています。この「一」は地平線または水平線を表しており、そこから陽が昇る様子を表しているのです。つまり**元旦は元日の朝のことを指し、午前中までを元旦と呼ぶのが一般的です。**

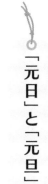

「自首」と「出頭」

とある刑事ドラマのクライマックス。追い詰められた犯人に対して、刑事が最後の情けをかけます。「今ならまだ間に合う。自首するんだ。そうすれば刑は軽くなるぞ」と。しかしこのセリフは全くのデタラメ。

「自首」とはそもそも「事件が発覚する前」に、自ら「事件を起こしました」として警察に名乗り出ることを指します。このような場合は情状酌量などが認められるケースが多く、結果的に自首すれば刑は軽くなるのかもしれません。

例に挙げた冒頭のドラマのシーンでいえば、「事件が発覚した後」のお話であるため、自首することは不可能なのです。**事件発覚後に自ら罪を認めて、警察に出向くことを「出頭」といいます。**

確かに逮捕と出頭とでは刑の重さは変わってくるのかもしれませんが、警察から逃げ回っている時点で、刑がだいぶ重くなっているのは間違いありません。ちなみに「自首」は法律用語のひとつですが、「出頭」は違います。

「おばけ」と「ゆうれい」と「妖怪」

草木も眠る丑三《うしみ》つ時、あなたの枕元に立っているのは「おばけ（お化け）」でしょうか、「ゆうれい（幽霊）」でしょうか。

「おばけ」は漢字で「お化け」と書くように、本来の姿から変化したものの総称を言います。

「ゆうれい」の多くは、強い怨恨などにより、生前への未練を断ち切れずに成仏できないものをいいます。それらは**生前と同じく人間の姿をしており、特定の人物に対してその恨みを晴らすべく現れることが多いようです。**

また「妖怪」という存在もいます。傘おばけやひとつ目小僧など、いずれも人間とはかけ離れた異形をしており、また各々が何らかの目的で人間の前に姿を現すことが多いようです。

ゆうれいが人間の念から誕生したものだとすると、**妖怪は動物や物が異形となり出現したものといえます。**

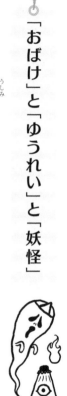

「遺言」と「遺書」

死後、遺産などの財産の処分をどのようにするかなどを書き残した「遺言」。**遺産相続では、原則として遺言書の内容が法定相続よりも優先されることになっており、その効力は強いです。**

遺言書は「普通方式」と「特別方式」の2つの方式があり、普通方式はさらに「自筆証書」「公正証書」「秘密証書」の3つに分類されます。法的効力を持たせるためには正しい書き方をしなければ、場合によっては無効になることもあります。

そして民法961条には「十五歳に達した者は、遺言をすることができる」とあります。15歳で自己の意志を持っていると判断されるのです。

遺言と似たようなものに、「遺書」があります。例えば「自殺者が遺書を残してこの世を去った」といいますが、**遺書はどちらかというと手紙の意味合いが強いものです。**お世話になった人への感謝の言葉や、なぜ自分が自殺をするのかという理由などを書き残すことが多いです。

「関東地方」と「首都圏」

日本の47都道府県を地域で区分するのに、「八地方区分」が用いられています。北海道・東北・関東・中部・近畿・中国・四国・九州の8地方に分けられますが、法律上の明確な定義はありません。そのため、著者の出身地である新潟県を例にとると、東北なのか、中部なのか、いまいちハッキリとはしていません。

また、これは世界的に共通していることですが、首都とその近辺の地域を「首都圏」と呼びます。日本の首都は東京都であり、東京都は関東地方になります。それでは関東地方と首都圏の違いはなんでしょうか。

「関東地方」は一般的に茨城県、栃木県、群馬県、埼玉県、千葉県、東京都、神奈川県の1都6県を指します。前述したように、**地方に関して明確な定義が存在するわけではないので、あくまでも一般的な区分になります。**

対して**「首都圏」は、「首都圏整備法」(1956年制定)によって明確に定められており、**その範囲は関東地方の1都6県に山梨県を加えた区分です。

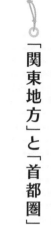

「義援金」と「支援金」

大規模な災害に見舞われた地域では、被災後は海外からの援助もさることながら、日本国内で国民同士がお互いに助け合う姿が見られます。実際に被災地に行かなくとも、誰しも一度は募金という形で援助を行ったことがあると思います。

さて、テレビなどでも「義援金〇〇万円が集まりました」「支援金が続々と寄せられています」といった報道がされることがあります。この2つの違いを知り、自分はどのように援助したいのかを具体的に想像してみましょう。

「義援金」とは、被災者に直接届くお金です。全ての被災者に公平・平等に分配されるため、被災者にお金が届くまで時間がかかります。

「支援金」とは、被災地を復旧するにあたって必要な資金として使用されます。NPOやボランティア団体などの復旧活動のために使われるお金になります。

募金は主に赤十字社や自治体、NPO、テレビ番組などでも受付られています。どのような形でも、被災者の皆様を想う気持ちには変わりはありません。

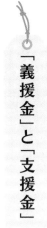

「憲法」と「法律」

たびたびテレビなどで「憲法を改正しろ」などと訴えて、デモを行っている状況を目にします。

憲法の改正はなかなか容易なことではないようです。しかし「○○法」などという様々な法律は、抜け穴を埋めるがごとく、事あるごとに改正されます。「法律」は非常に多種多様で、2020年時点では日本国内には約1900件の法律があります。法律は国家が国民に課すもので、秩序の維持や権利の調整のため、日本に住むものにとって共通のルールです。法律は、国会が制定します。

対して「憲法」は国民が国家権力に制限をかけるもので、国の統治のあり方、国民の権利や義務は何かなどを定めています。憲法は国にひとつしかありません。これを「最高法規」といい、法律は憲法のもとで定められ、憲法に違反することはできません。**つまり憲法は法律のさらに上にある、絶対的なルールなのです。**

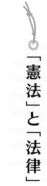

「保育園」と「幼稚園」

0歳から入園が可能でお昼寝があってお迎え時間が遅いのが「保育園」、3歳から入園が可能でお迎え時間が早めなのが「幼稚園」というのが一般の印象です。

保育園と幼稚園では国の管轄が全く異なります。保育園は厚生労働省の管轄で「児童福祉施設」となり、保育士は国家資格が必要です。幼稚園は文部科学省の管轄で「教育施設」となり、先生は教諭免許が必要なのです。

つまり**保育園は子どもを育てることに重きを置いているのに対し、幼稚園は教育に重きを置いています。**そのため、読み書きの練習や本の朗読などの授業のような時間があるのです。

親の身になってみれば、仕事などで日中に子どもの面倒を見ていられない場合は保育園、そうでなければ幼稚園に入園させるといった判断をすることが多いと思います。しかし、この2つには明らかな教育方針の違いがあるので、入園前は子どもの身になって今一度よく検討してみるのも良いでしょう。

「合併」と「経営統合」

経営が悪化し、存続が困難になった会社が取る方法として、「合併」や「経営統合」という手段があります。大手銀行などが合併するとなると、大きなニュースになりますが、一体「合併」と「経営統合」の違いは何なのでしょうか。

結局のところは、複数の異なる会社同士が手を取り合い、企業の存続を目指します。この際にどちらの会社も経営が困難であるというわけではありません。経営が悪化したから合併するというわけでもないのです。

よく耳にする**「合併」というのは、複数の会社がひとつの会社になることを指します。**他にも「吸収合併」や「新設合併」といった種類があります。

「経営統合」は、事業統合とも言われます。言葉だけ聞くと合併と同じような印象を受けますが、合併とは全く異なり、統合する会社が現在の会社とは別に持株会社を作り、それぞれの会社が新設された持株会社の傘下に入ります。全株式は持株会社が保有し、傘下の会社は独立を保ちつつ、連携しながら事業を営んでいくのです。

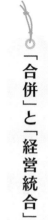

「国会議員」と「代議士」

日本の国会は衆議院と参議院の二院制をとっています。任期や何歳から立候補が可能かなど、様々な違いがあります。しかし、両院の議員は国民から選挙で選ばれるという点は同じです。

国会議員となった政治家は「代議士」と呼ばれることもあります。しかし単純に国会議員＝代議士ではありません。

1947年まで、日本は「大日本帝国憲法」が施行されていました。この頃の議会は「帝国議会」と呼ばれ、衆議院と貴族院の二院制となっていました。

衆議院は現在と同じく選挙で選ばれるのに対し、貴族院は皇族や華族、資本家や高級官僚などの中から選ばれ、解散もなく、終身任期の議員も存在しました。

このことより、**衆議院議員は「国民を代表する議員」という性格から、代議士と呼ばれるようになり、その慣習が現在でも残っているのです。**つまり代議士は衆議院議員を指す呼び方であり、参議院議員は対象ではないのです。

「児童」と「生徒」と「学生」

著者自身は「児童」は小学生以下、「生徒」は学校内で先生が使う呼び方、「学生」は小学生から大学生までの生徒、という認識をしていましたが、これは大きく間違っていました。

これらの言葉は学校教育制度の基本を定めた「学校教育法」によって、明確に定義されています。

「児童」は小学生を指します。 学齢児童という呼び名もあります。幼稚園生は「幼児」と呼びます。**「生徒」は中学生と高校生を指します。** 中学生の場合は学齢生徒という呼び名もあります。そして**「学生」は大学生や高等専門学校生を指します。**

しかしこれはあくまでも学校教育法に基づいた呼称です。「学生割引」などという言葉があるように、一般的に中学生や高校生も学生と呼ぶことが多いです。さらに児童福祉法では18歳未満の未成年を「児童」と呼ぶように、その法律によってどこまでをどの呼び方にするのかはバラバラです。

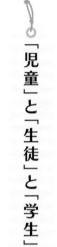

「和解」と「示談」

事件や事故を起こしてしまった場合、まずは当事者でどうにかできないかを考えます。しかし冷静に話し合うのが難しい場面も多いのが現実です。そんなときは最終手段として、裁判に持ちこむこともあるでしょう。

「裁判上の和解」は裁判（民事訴訟）の進行中もしくは訴訟を提起する前に、裁判官の前で互いに争いをやめて仲直りすることです。そこで作成される和解調書は、裁判の判決と同じ効力をもちます。

「裁判外の和解」とは、文字通り裁判をしないで和解することを指します。これが「示談」です。**示談は当事者同士の話し合いで解決することをいいます。**証拠として示談書を交わしますが、当事者の一方的な譲歩によっても成立するとされます。

つまり示談は和解のひとつの手段であることが言えます。そして裁判外の和解（示談）よりも、裁判上の和解の方がより複雑で、お互いの強い感情や気持ちがそこにあると言えるでしょう。

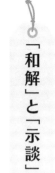

「退職届」と「退職願」と「辞表」

勤めている会社を辞めたいとき、辞表と退職届、退職願のどれを出すのが正解なのでしょうか。

「退職届」と「退職願」には明確に違いがあります。「届け」と「願い」の言葉からもわかる通り、退職届は「○月○日に辞めます」という届け出になります。一方の退職願は「○月○日に辞めさせていただけませんか?」という、希望を伝えるものになります。例えば会社を辞める際に、上司に口頭で相談をして承諾を得ていた場合などは、退職願は書かずに退職届を書くことになるわけです。

そして「辞表」とは読んで字のごとく、「辞めることを表す」と書きます。これだけの情報では退職届と違いはないのかと思う方もいるでしょうが、辞表は会社などを辞めるということではありません。**辞表は主に会社の社長や取締役などの「役職を辞める」ときに表明される文書になります。** つまり平社員の場合、上司に対して「辞表を出させていただきます」などと言ってはいけません。

「武器」と「凶器」

「武器」とは戦いに使う道具のことを指します。似た言葉で「兵器」というものがありますが、これは規模の違いです。例えばミサイルは兵器であり、拳銃は武器といった具合です。ニュースで事件が取り上げられると「使用された凶器は……」と表現されますが、「武器」と「凶器」の違いは何でしょうか。

武器と一言でいっても様々な種類がありますが、いずれも敵を攻撃するためという目的があります。刀、ナイフ、槍、拳銃、ライフル銃など、殺傷能力のある武器は非常に多岐に渡ります。これらの多くは本来は動物を狩猟する際に用いられていたものですが、それが次第に護身用となり、戦争の道具となってしまいました。

そして、それらの武器を用いて人を殺《あや》めてしまうと、武器が「凶器」に変化してしまうのです。アイスピックやバール（鉄梃《かなてこ》）のようなもの、農薬など、本来は武器として作られていないものでも、結果的にそれで人を殺めてしまえば凶器に変わってしまうのです。

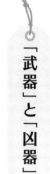

「週休2日制」と「完全週休2日制」

就職や転職活動を考え、求人情報に目を通したとき、見るべき最優先ポイントとして休日の指定に関する項目を考える方も多いでしょう。そしてそこには「週休2日制」と「完全週休2日制」の2種類があることに気付くはずです。

週休2日制とは、読んで字のごとく1週間の中で休日が2日あることをいいます。現在では学校や多くの会社は土日が休日になっていますが、こうなるまでは長い年月をかけて段階的に実施されてきた背景があります。

それでは頭にわざわざ「完全」と付けるのはどういうことでしょうか。実は、前述した学校や多くの会社が導入している土日休みなど、1週間の中で必ず2日間の休日があることを「完全週休2日制」といいます。

ただの**「週休2日制」とは、1ヶ月のうちに1回でも1週間の中で2日間の休日があることをいうのです。**「完全」というたったの2文字が付いているか否かで、働き方に大きく影響してくるので注意が必要なのです。

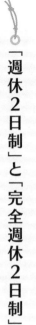

「重要文化財」と「国宝」

「重要文化財」は、日本に所在する有形文化財（建造物、美術工芸品、考古資料、歴史資料など）のうち、歴史上、芸術上において価値の高い物、または学術的に価値の高い物として文化財保護法に基づき文部科学大臣が指定した文化財を指します。

重要文化財は有形文化財に限られています。その他の文化財には「無形文化財」「民俗文化財」「天然記念物」があります。

そして「国宝」は、重要文化財のうち、世界的に見てより一層、学術的・芸術的に価値の高い物として文部科学大臣が指定した物を指します。

つまり、**国宝の方が重要文化財と比べて価値が優れていることになります。**

重要文化財や国宝に指定された文化財は、管理責任者が決められ、可能な限りその文化財を公開する義務が与えられます。また、何をするにも国の許可が必要になります。現在、日本における重要文化財の数は1万3000件以上、国宝は1000件以上の登録があり、詳しい内訳などは文化庁のサイトで確認できます。

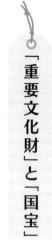

「祝日」と「祭日」

2016年に「山の日」が新設され、日本には現在16の祝日があります。国民の祝日は季節の変わり目である節句や天皇の誕生日など、基本的にはその名の通り何かを祝う日とされ、特別な休日となります。

一方でいまだに祝日のことを「祭日」と呼ぶこともあるでしょう。特に年配の方がこう呼んでいることが多い印象があります。

「祝日」は1948年に施行された「国民の祝日に関する法律（祝日法）」によって定められています。対して「祭日」とは、「皇室祭祀令《こうしつさいしれい》」により定められた日であり、米の収穫を感謝する神嘗祭《かんなめさい》など、主に宗教的な祭り事を行う日として休日になっていましたが、この皇室祭祀令は1947年に廃止されました。現在の建国記念日である紀元節祭など、一部の行事は名称を変更して祝日として受け継がれています。

つまり**現在の日本には祭日は一切存在しませんが、俗称としてその言葉が残っているのです。**

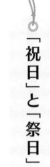

「アナウンサー」と「キャスター」

テレビ番組で最も神経を使う重要な役割を担うのが、アナウンサーやキャスターです。長い原稿を時間内に読み上げるには、それ相応の訓練が必要です。

「アナウンサー」はニュースを伝えるだけが仕事ではありません。ニュース番組以外でも、クイズ番組やお笑い番組などの司会、進行も務めている場合があります。

一方「キャスター」の方は、ニュースキャスターやお天気キャスターなどと呼ばれるように、その番組の一部を取り仕切る役割を持つ人のことを指します。**この際に、ただ用意された原稿を読むだけではなく、自身の持つ専門的な知識を元に、意見や解説を交えながら進行していくこともあります。**

では、番組全体を仕切るのがアナウンサー、一部を仕切るのがキャスターかというと、そうではありません。**アナウンサーとは職業の名称であり、キャスターとは番組内での役割の名称なのです。**

「省」と「庁」

小学校や中学校では、図書委員会や保健委員会など、様々な委員会が存在します。これは生徒の教育の一環でもありますが、学校の活動を円滑にするためでもあります。こういった機関は国を動かしている行政にもあります。

総務省や法務省、消費者庁や特許庁など、多くの機関が存在します。しかしこれらの「省」と「庁」とでは、役割と立場の違いがあります。

現在の日本には「省」と名の付く11の機関が設置されており、それぞれ国を動かす政策の企画の立案など、重要な仕事をしています。

そして「庁」と名の付くものは各省に属しており、企画を実施するための外部機関として設置されています。例えば財務省には国税庁が属しており、文部科学省にはスポーツ庁と文化庁が属しているといった具合です。

企業でたとえるなら**「省」は親会社にあたり、「庁」は子会社にあたるような関係性**で国を円滑に動かしているのです。

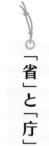

「神社」と「神宮」

文部科学省が集計したデータ上では、日本全国には約8万5000の神社があるとされます。このデータに登録されていない小さな神社を含めると、その数は10万を超える計算になります。これは、全国に展開しているコンビニエンスストアの合計店舗数よりも遥かに多い数になります。それだけ身近に神社が存在するにもかかわらず、日本人は信仰心が薄いとされるのが悲しいところです。

「神社」や「神宮」は社号と呼ばれます。「神社」は一般的にはその土地の神様や日本神話に登場する神様、偉人の霊など、神道の神が祀られています。対する「神宮」は、京都の平安神宮が桓武天皇と孝明天皇を祀っているように、主に天皇や皇族を祀っていたり、皇室とゆかりの深い神社が「神宮」の社号を用いています。

つまり、神宮の方が神社よりも格式が高いといえます。

ちなみに「神宮」とは三重県伊勢市にある「伊勢神宮」の正式名称であり、単に「神宮」と呼ぶ場合はこの伊勢神宮を指すことになります。

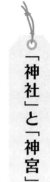

「先生」と「教師」と「教諭」と「教授」

師として仰ぐ人物として、誰しもが教えを受けたのは学校の先生でしょう。しかし先生も「教師」であったり「教諭」であったりと、様々な言い方をします。「先生」とは、何も学校の先生だけに使うわけではありません。医者、弁護士、政治家、作家など、様々な職業の人に対して使われる敬称なのです。つまりは何かを教えてくれる人や、尊敬できる人に対して敬意を払って「先生」と呼ぶのです。「教師」と聞くとすぐに思い浮かぶのは学校の先生でしょう。しかし何も学問を教えてくれる人だけが教師ではありません。学校以外でもピアノの教師、宗教の牧師なども教師とよびます。

「教諭」はあまり聞き慣れない言葉かもしれません。教諭とはかなり限定された職業の人を指します。**つまり幼稚園、小・中・高等学校の先生の職業名の正式名称が「教諭」なのです。**

そして「教授」は大学で学問を研究し、教える人のことです。

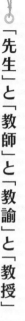

「大西洋」と「太平洋」

同じ「たい」と読む大西洋と太平洋ですが、一方は「大」でもう一方は「太」と書きます。なぜ同じ字で統一しないのでしょうか。

大西洋の英名は「アトランティック・オーシャン」で、日本語で「アトラスの海」という意味です。アトラスとはギリシャ神話に登場する神様のことですが、日本はギリシャ神話とは縁が浅いため、日本人でもわかる名前を付ける必要があり、**「ヨーロッパ大陸の西の海」ということで「大西洋」と名付けられたのです。**「洋」という字には「大きな海」という意味が含まれており、ヨーロッパとアメリカの間にある非常に大きな海域ということで「洋」の字があてられました。

そして太平洋の英名は「パシフィック・オーシャン」で、日本語に訳すと**「平和な（穏やかな）海」**となります。かつての大航海時代に活躍した海洋探検家のマゼランが、「この海はなんと穏やかなのだろう」と感じたことから名付けられました。平和で穏やかな意味を持つ言葉、「太平」に由来します。

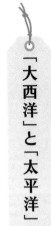

「俳句」と「川柳」

俳句は五・七・五の言葉で作られる、世界最短の定型詩といわれています。

定型詩とは、決まった文字数で詩を作ることです。五・七・五で詠われる日本の定型詩には「俳句」と「川柳」の2種類がありますが、違いは何なのでしょうか。

松尾芭蕉が詠んだ最も有名な俳句の中に「古池や蛙《かわず》飛びこむ水の音」という句があります。「古い池に蛙が飛び込む音が聞こえてきた」という単純な句ですが、俳句のルールを踏まえたうえで、風情や情緒を伝えているのです。

その**俳句のルールというのが「季語」と「切れ」が存在することです。**「季語」とはその季節を表すために定められた語のことです。一方の「切れ」というのは、「かな」「や」「けり」などの言葉で、強く言い切る働きをします。

「川柳」は、この季語や切れが存在せず、五・七・五の中に収まりさえすれば良く、思いのたけをストレートに表現し、余韻を残さない表現方法のことをいうのです。

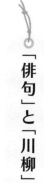

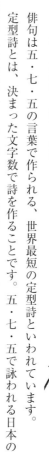

「特許」と「実用新案」

特許を出願しても、認定されるまでは難関が待ち受けています。それもそのはず、本当に今までにない発明なのか、その発明が世のためになるのかが判断されるのです。そのうえ、特許は年間数十万件もの出願があるので、どうしても審査には時間がかかります。

もしそのアイディアが既にあった場合は当然却下になりますが、**既にあったアイディアから少し応用されたものであった場合に適用されるのが「実用新案」です。**

日用品の使いづらさを改善したり、ちょっとした工夫を施した品物を発明するなど、既存の発明品を元に改良を加えていると、実用新案として扱われます。

それ以外にも具体的な違いがあります。例えば特許には多額の申請費用と、長くて数年にも及ぶ審査期間があります。実用新案は年間多くても1万件程度の申請数ということもあり、期間は数ヶ月で費用も安くすみます。アイディアが保護される期間も、特許は20年間であるのに対し、実用新案は10年間しか保護されません。

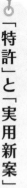

「同棲」と「内縁」

「同棲」とはカップルが同じ空間で暮らすことを指します。「同居」は同じ家で寝食を共にすることです。つまり同棲と同居の違いは、恋愛関係にあるか否かにあると言えます。そこで問題となってくるのが「内縁」という言葉。

「内縁」とはすなわち、「夫婦としての生活をしていながら、婚姻の届けを出していない者」のことを言います。 つまり結婚式も挙げていないし、そもそも婚姻届も出していないけど、お互いの同意の下で夫婦となんら変わりのない生活をしている場合を言います。判例でも「婚姻に準ずる関係」とされ、社会保険や年金など、場合によっては夫婦と同様に民法の規定が適用されます。

「内縁の妻」という言葉があっても「同棲の妻」という言葉がないように、**同棲とは結婚の意思のない状態、** または結婚の意思はあってもその前段階の状態を指すわけで、パートナーから「私たちは同棲？　内縁？」と聞かれても、一方の意見だけでは決められることではありません。

「フェスティバル」と「カーニバル」

「野外フェス」や「サンバカーニバル」という言葉があるように、「フェスティバル」も「カーニバル」も、どちらもお祭り騒ぎで楽しいイメージがあります。日本のお祭りは元々は神様を祀るところから来ていますが、この場合はどちらに該当するのでしょうか。

「フェスティバル」の語源はラテン語にあり、その意味は「祭礼・祭典・祝祭日」などになります。主に宗教的なお祭りを指すことが多く、**日本の祭りの多くはフェスティバルに該当します。**

「カーニバル」とは、元々は「謝肉祭」を表す言葉です。

謝肉祭とは、カトリックなどの西方教会で見られる、肉を食べない節制期間（四旬節）に先立って開かれるお祭りのことです。お菓子や花を投げる行事や仮装してパレードが行われてきた背景から、**現代では宗教的な意味合いが含まれないお祭りなどに使用されることが多いです。**

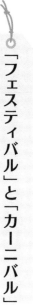

「舞妓《まいこ》」と「芸者」

京都に行ったら一度はやってみたい、通な大人の遊びといえばやはり舞妓遊びでしょう。「舞妓」という言葉と似た言葉に「芸者（芸妓）」があります。

「舞妓」とは、「五花街《ごかがい》」と呼ばれる京都の先斗町《ぽんとちょう》・上七軒《かみひちけん》・宮川町・祇園甲部《こうぶ》・祇園東にて、三味線を奏でたり舞を踊ったり、歌舞音曲の技芸でお客さまを楽しませることを職業とする者のことを指します。関東では「半玉《はんぎょく》」とも言います。

舞妓は中学校卒業後から20歳前頃までの見習い修行中のもので、唄や踊り、三味線、茶道、華道、接客や礼儀作法、しきたりなどを学びます。この修行を5年程度経て、芸者へと昇級するのです。

つまり**「舞妓」は「芸者の見習い」の状態を指す言葉なわけです。**また、芸者は頭には飾りをほとんど付けず、着物の色も地味です。対して舞妓はかんざしなどを付け、着物も豪華です。履物も底の高い下駄を履いています。

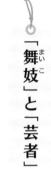

「保証人」と「連帯保証人」

どちらも借りたものに対して責任を負うという点では同じですが、なんとなく「連帯保証人にだけはなってはいけない」とお思いの方も多いでしょう。

例えばAさんがX社からローンを組んで多額の買い物をしたとします。その保証人としてBさんが就くことになりました。当然Aさんが支払いを滞った場合などは、Bさんに対して支払いの請求が来ることになります。これが保証人の制度です。しかし通常は**保証人に「催告《さいこく》の抗弁権」「検索の抗弁権」「分別の利益」の3つの権利が与えられています。**

これは、まずはAさんに支払いを求めるよう請求できる権利、Aさんに弁済できる財産があるので、履行を拒否できる権利などです。**しかし、連帯保証人にはこれらの対抗する権利は与えられません。**X社から唐突にBさんに対して請求が来た場合は、文句をいうことも許されずにこの請求を呑むしかないのです。

皆さんも保証人になる際には、十分に気を付けてサインをしましょう。

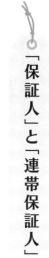

「名字」と「氏」と「姓」

1870（明治3）年に平民も名字を付ける許可がおり、1875年には名字を持つことが義務化されました。

「名字」とは出身地や周りの環境などをもとにして、自分の家に付ける呼び名のようなものであり、ある程度自由に付けることができましたが、当時は農民が圧倒的に多かったため、「田」や「山」などがついた名字が多くなってしまいました。

「氏」は「うじ」と読み、祖先や血統を同じくするものとされていました。有名なところで言えば、藤原氏や源氏があります。地名や職業に由来したり、天皇から授かるものもありました。

「姓」は「かばね」と読み、もともとは氏の職務などの地位や格式を表すために付けられました。古代の豪族に授けられた連《むらじ》や臣《おみ》などです。

天皇家は自身の家に名字を付けていません。実際には、「敬宮」といった称号、「秋篠宮」といった宮号を使う場合もあります。

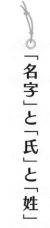

「友情出演」と「特別出演」

「友情出演」とは主演俳優の親しい役者や、監督と仲の良い役者などが出演することを指します。フレンドリーな関係で契約を行うため、ギャランティーが安かったり、ノーギャラでの出演が一般的になります。

「特別出演」とは主演俳優よりも明らかに格上の役者が、短いシーンなどで出演することを指します。演技力のある役者を起用するため、当然ギャラは通常通り、もしくは高めの設定になっているようです。

しかし映画によっては長時間出演している場合でも、特別出演と書かれる場合があります。これはエンドロールのときの役者名の表記の順番が関係しており、通常では主役や脇役が記載されたあとに、出演者の名前がズラッと表記されます。このとき、劇中で主演俳優と親しい人物から順に書いていくことが多いのですが、明らかに格上の大物俳優が下の方に書かれていると格下のように思われかねないので、品格を損なわないように「特別出演」と添えられることがあります。

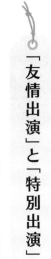

「予備校」と「塾」

予備校は大学入試に焦点を当てているため、受験する大学や学部に合わせた内容の授業を受けやすいです。また、現役生に絞った予備校でなければ、周りはほぼ全員が浪人生で、ライバルに囲まれ自然とモチベーションも上昇するでしょう。

しかし予備校は大学と同じく講義形式の授業方法です。質問などによって講義を中断させるわけにもいきませんし、当然ながら個々の学力に合わせて講義内容を工夫してくれるわけでもありません。となると、授業についていくために普段からの自習が必要になってきます。

対する塾は、マンツーマンで学習をしてくれる形式の塾もあることから、つまずいたところを克服しやすいのがメリットです。しかし講師がアルバイトのこともあり、受験のプロともいえる予備校講師に比べるとレベルが下がってしまいがちです。

大学入試に対する完璧な学力を望むのなら予備校を、基礎的な能力や苦手分野の克服を目的とするならば塾が良いのではないでしょうか。

日本とアメリカの「トイレ事情」

例えば駅やお店のトイレなど、多人数が同時に使えるトイレで、日本とアメリカでは男性用の小便器は変わりませんが、問題は大便器の個室にあります。

日本では扉は天井に少し隙間が空き、下にも数センチの隙間を空けて設置されていることが多いかと思います。しかし**アメリカのトイレは、ひざ下が見えるくらいまで空いているのです。**この理由は、中に人が入っているかを瞬時に確認できる点と防犯対策の意味合いがあるといわれています。

家庭内のトイレは日本もアメリカもそう変わりません。扉があり、中には便器がひとつ設置されている形です。しかし、内側ではなく外側に違いがあります。

日本では「開けたら閉める」の精神があるせいか、入っているときも、用を足し終わった後でも扉は閉めますが、**アメリカでは用を足し終わった後は扉を開けておくのです。**これは「中に誰もいませんよ、使用中ではないですよ」というサインとされます。

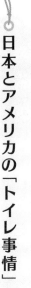

日本と外国の「雪だるま」

雪が降るとついつい雪だるまを作ってしまうのは、大人になっても変わりません。しかし、海外で雪だるまを作ろうと思ったらもっと体力が必要になります。

雪だるまの起源は不明ですが、江戸時代後期の浮世絵師であり、有名な歌川広重の門人でもある歌川広景の『江戸名所道戯尽　廿二　御蔵前の雪』には、大きな雪だるまが描かれています。しかし今現在作られている大小の2個の雪玉を組み合わせたものではなく、極めて普通のだるまに近い形をしています。この絵に描かれた雪だるまにはお供え物がしてあることから、普通のだるまと同じく縁起物とされていた可能性があります。

そして欧米をはじめとする外国では、雪だるまは「スノーマン」と呼びます。**日本の雪だるまとの大きな違いは、雪玉が2段ではなく3段であるという点です。**「マン」というくらいなので、頭・胴体・足の3つのパーツで構成されています。

日本と外国の「履歴書」

日本で履歴書というと、今までの学歴や職歴、アピールポイントなどを事細かに記入し、証明写真を貼り付けて提出します。これは履歴書と面接に来た人物が同一であることを確認するための手段でもありますが、ヨーロッパやアメリカなどの国々では履歴書の内容が日本とは大きく異なります。

欧米諸国の多くでは証明写真は自己判断で貼っても貼らなくても良いようです。これは写真から人物像を判断されることを防ぐためです。例えば、外見や人種などによる差別がこれにあたります。この他、日本の履歴書と違って、「生年月日」「性別」「趣味・特技」「家族構成（婚姻状況や子供の有無）」は記載する必要のない項目です。これらを面接で質問することも違法になる場合があります。**職務に関係のない事項や、差別に繋がりやすい事項は全て省略できるのです。**逆に日本の履歴書にはない項目として「推薦人」があります。家族以外の第三者による推薦状を書くことが一般的になっています。

第5章

言葉

「ゼロ」と「零《れい》」

「0」の読み方は「ゼロ」と「零《れい》」の2種類が存在し、読み方が違うだけで意味が変わってきます。「ゼロ」は普段皆さんが思っているように、**無を意味するもの、全く存在しないものとして認識して間違いではありません。**

「0」の概念はインドが発祥で、それが後にヨーロッパへと伝わりアラビア数字として普及しました。その読み方としてZERO《ゼロ》と名付けられたのです。

「零」はゼロとは少し違ったニュアンスです。「零細企業」などの単語にも使われるように、**零には「ほんの少し」という意味が含まれており、全く無であることではありません。**零という字は「雨」と「令」を足した形声文字であり、もともとは小雨を意味する漢字でした。その意味がだんだんと崩れていき「少しだけ」という意味を持つようになったのです。

天気予報のニュースで降水確率を表す際は、必ず0%と読《れい》まれています。これも、雨が降る可能性としてゼロではない（5%未満を指す）からです。

「残る」と「余る」

世の中、必要以上にものが溢れている気がします。食料を買いだめして残ってしまったり、人気の商品を作りすぎて余ってしまったり、適度な量を守ればこうした事態は防げたはずですが、人間の欲というのは悲しいものです。

「残る」と「余る」は似たような言葉です。どちらの言葉も、あるものがゼロではない、なくなってはいない点では同じ意味を持ちます。

例えばご飯を食べているときに、お腹がいっぱいでもう食べられない料理がまだある状態を「残っている」といいます。そして普段よりも多く料理を作ってしまって、人数分以上の量がある状態を「余っている」と表現します。

「残る」というのは、「残業」という言葉にも使われるように、「まだ残りがある」という意味で用いられます。**全体のうちの一部がある状態のことになります。**対して「余る」は、「余裕」という言葉があるように、「まだ余分にある」という意味で用いられます。**全体よりも多くのものがある状態といえます。**

「エキスパート」と「スペシャリスト」

「エキスパート」も「スペシャリスト」も日本語では「専門家」という意味です。どちらも特定の分野において深い知識を有する人と解釈して問題はありません。

「エキスパート」は、その分野において深い知識を有しており、その分野全体の知識、関連する分野の知識までを有している者を指します。

対して「スペシャリスト」は、その分野にのみとても深い知識があり、それ以外の分野や、なぜそうなるのかなどの仕組みまでは理解していない者を指します。

例えば、タレントで東京海洋大学名誉博士でもある「さかなクン」は魚介類に対してのエキスパートといえます。魚の種類や体の仕組み、生態系に至るまで幅広い知識を備えています。

では魚を売買するお店の店員はどうでしょうか。魚の種類などに対しては豊富な知識を備えていますが、体の仕組みや生態系の詳しい情報までは一般的に不要です。しかし魚を販売するうえでは、魚を扱うスペシャリストといえるでしょう。

「回答」と「解答」

入学試験や入社試験では、筆記試験や面接試験など様々な関門が待っています。それらのテスト全てに、正確に正直に答えなければなりません。そこで問題となるのが「回答」と「解答」という同音語の使い分けです。

街中を歩いていると突然「アンケートにご協力ください」と声をかけられることもあるでしょう。

では、アンケートに答えるのはどちらの「かいとう」でしょうか。**「回答」は、正解のない答えに対して使われます。**例に挙げたアンケートは、正確な答えというものはありません。同様に「好きな食べ物は何ですか?」といったような質問に対しても、回答という言葉を使うのが正しいといえます。**「解答」は、回答とは逆に正解がある問いに対して使用します。**テストの答えや、クイズの答えなど様々ですが、その先には必ず正確な答えがあるのです。

「天使」と「キューピッド」

どちらも裸の赤ん坊に翼が生え、頭に輪っかがあるというイメージが強いです。見た目は似ているようでも、実は全く異なる存在といってもいいくらい、違いがハッキリしています。

「天使」は、神様の使者として人間界に送られています。英語の「エンジェル」は「天使」を指します。実は天使には9つの階級があり、**一般的に天使を指すのは最も階級の低い「プット」と呼ばれる天使です。**階級が低いほど人間に近い姿をしていると言われているので、プットは赤ちゃんの姿をしています。

「キューピッド」は美の神である「ヴィーナス」の子で、**キューピッド自体も神なのです。**キューピッドは恋愛を成就させる愛の神としての役割を担っています。

キリストやマリアなどの周りを飛んでいたり、ラッパなどの楽器を持っていたら天使、ヴィーナスの周りを飛んでいたり、弓矢を持っているならキューピッドなのです。

「おざなり」と「なおざり」

物事に対していい加減な態度を取ることを「おざなり」と言います。似たような言葉で「なおざり」がありますが、こちらの意味も「真剣でないさま。いい加減であること」とあります。しかし両者には決定的な違いがあります。

「おざなり」を漢字に直すと「御座形」と書きます。江戸時代には使われていた言葉であり、これは宴会の席で仕事をする芸者が、その客によって態度や扱いを変えることから、表面的に取り繕う様子を漢字として表しています。このことから、**適当な態度を取って対応することを指すようになりました。**

一方の「なおざり」は、おざなりよりも遥かに古くから使われている言葉で、10世紀には既に使用された例があります。語源にはいくつかの説があり、そのひとつに「直去」があります。これは**「そのまま何もせずに放っておく」という意味です。**

つまり「おざなり」はいい加減で適当ながらも何らかの対応をするのに対し、「なおざり」は何の対応もしないという違いがあるのです。

「ズル」と「インチキ」

生きていると「ズル」や「インチキ」をしている人を見かけることは少なからずあります。致し方なくズルをすることはあっても、決してインチキはしてはならないと感じるのは著者だけでしょうか。

「ズル」は「ズル休み」という言葉にも使われるように、「手を抜くこと」を意味することが多いです。「ズル賢い」とも言うように、**主に自分の利益を得るために行ったり、怠慢という意味として用いられます。**

「インチキ」はイカサマと同義で、元々は博打において不正を働く行為を指していました。賭博仲間の間の隠語として明治時代に誕生した言葉とされ、昭和に入って普及しました。**インチキには「偽物」という意味もあり、例えば飲むと寿命が延びると偽りただの水を売るなど、人を欺いて利益を得ることをいいます。**

ズルも少なからず嘘が混じる場合があるかもしれませんが、インチキの場合は必ず人を欺《あざむ》くことが前提となっています。

「デマ」と「ガセ」

「あの話はデマだ！」「ガセネタらしい」という表現をすることがあります。

いずれも間違った情報や嘘などを指す言葉ですが、そのニュアンスには違いがあります。

「デマ」の語源はドイツ語の「デマゴギー」であるといわれます。デマゴギーは単なる嘘や誤った情報を指す言葉ではなく、その嘘や情報によって感情を変化させ、何らかの行動を起こさせるという意味があります。

例えば、料理屋を営んでいる主人が「あの店の料理はマズい」というような、ライバル店の評判を落とす情報を流すのは「デマ」になります。つまり**その情報の中には意図的な悪意など、発信者の感情が含まれているのです。**

「ガセ」の語源は「お騒がせ」からという説があります。デマとの最大の違いは、**その情報に悪意などの感情が故意に含まれていないことです。**

勘違いや思い違いから発せられた情報が「ガセ」で、単なる噂話ともいえます。

「ノンフィクション」と「ドキュメンタリー」と「ルポ」

小説やテレビドラマなど、「この作品はフィクションであり、実在する人物・地名・団体とは一切関係ありません」と記されることがあります。フィクションとは想像で制作された作品であり、架空のお話という意味です。その逆の「ノンフィクション」や「ドキュメンタリー」とは、事実を元に制作された作品です。

この二つの大きな違いは、その表現手段にあります。**ノンフィクション小説、ドキュメンタリー番組という言葉の通り、これらは作品が「活字」か「映像」かによって基本的に使い分けられているのです。**

似たような言葉に「ルポ」というものがあります。**「ルポ」はルポルタージュの略で、日本語では「現地報告」という意味になります。**

ノンフィクションやドキュメンタリーは製作者の主観によって内容が編集されるため、製作者によって伝わり方が変わりやすい面があります。それに対してルポは主観的見解を加えずに、ありのままの事実を綴った作品を指すのです。

「たまや」と「かぎや」

川辺で見る打ち上げ花火。花火があがると同時に掛け声もあがります。

「かぎや」は「鍵屋」と、「たまや」は「玉屋」と書き、打ち上げ花火は江戸時代の1733年に隅田川で開催されたものが発祥とされます。このときに花火大会をしきっていたのが花火師、鍵屋六代目弥兵衛《やへえ》でした。

1808年になると、鍵屋がのれん分けをします。そして誕生したのが玉屋市兵《いちべ》衛《え》です。**やがて花火大会の際には川の上流を「玉屋」が、下流を「鍵屋」が担当し、花火が打ち上がるたびに「た〜まや〜」「か〜ぎや〜」と声援があがるようになりました。**

しかし1843年に玉屋から大火事が発生してしまいました。玉屋は責任をとらされ江戸から追放されることとなり、花火師を廃業せざるをえなくなったのです。

つまり玉屋が存在していたのはわずか35年。それでも現代に「たまや」の掛け声が多いのは、単に語呂が良いからという理由に過ぎないとされます。

「ミステリー」と「サスペンス」

映画やドラマ、小説などのジャンルとして、ミステリーやサスペンスがあります。どちらも謎めいた問題を解いていく作品です。

「ミステリー」は日本語で「不思議・謎」といった意味です。基本的に推理小説はミステリーで間違いはありません。ミステリーの定義として、「犯人は誰なのか？どうやって犯行を行ったのか？」など、謎を解いていくストーリーがミステリーになります。この他、「この超常現象の原因は何なのか？」を解決するような作品もミステリーであるといえ、ＳＦやファンタジーもミステリーに括れます。

一方の**「サスペンス」は、日本語で「不安・ハラハラさせる」といった意味です。**雪山で遭難した人の生還劇を描いたり、正体不明のモンスターから逃げ続けるホラー作品などがあります。

ミステリーとサスペンスは似ている部分や被っている要素があります。ミステリーかつサスペンスである作品も多いのが事実です。

「一所懸命」と「一生懸命」

どちらも全力で物事に取り組むことを指した言葉ですが、使う場面に違いがあるようです。これらの言葉を辞書で引いてみると「命がけで物事をすること。また、そのさま」という意味が書かれています。

しかし**先に生まれたのは「一所懸命」という言葉で、「先祖代々受け継いできた土地を命がけで守り、生活の頼みにすること」という意味でした。**つまり「一所」というのは「一ヶ所の土地」という意味であり、これが広がり「何事にも命がけで取り組む」という意味になったのです。そして「いっしょ」という読みが「いっしょう」に転じ、「一生懸命」という言葉が誕生しました。つまり、一所懸命の誤用から一生懸命が生まれたのです。しかし「一所」よりも「一生」の方が必死さが伝わりやすいため、一生懸命の方がより広く使われるようになりました。

どちらを使っても間違いではありませんが、放送用語や新聞・雑誌などでは「一生懸命」で統一しているところが多いようです。

「屈辱」と「雪辱」

恥ずかしい思いをさせられた、名誉を傷つけられたときなどに「屈辱を受けた」と表現します。似たような言葉で「雪辱」というものがあります。

どちらの言葉にも「辱」という字が含まれます。訓読みでは「はずかしめ」と読むこの文字は、「不名誉」などの意味になります。「屈辱」は「屈服させられて恥をかかされる」という意味です。

そして珍しいのは「雪辱」で、「雪」という漢字が使われています。雪は「そそぐ」と読むことができます。これは「汚れを清める」という意味がある「清める」と似た意味を持ちます。このことから「恥や不名誉を消し去る」という意味になります。つまり英語でいうところの「リベンジ」は、この雪辱の方になります。

「屈辱」と「雪辱」、語感は似ていますが、同義語でもなければ類語でもありません。名誉を傷つけられた屈辱は払い退けて晴らすものであり、不名誉な汚名を返上すれば雪辱を果たしたことになります。

「月とスッポン」と「雲泥の差」

両者の実力や見た目などの差がある様子として使われる「月とスッポン」と「雲泥の差」ということわざ。

どちらも似たような意味に思われがちですが、わずかながら違いがあるのです。まずは「月とスッポン」です。月とは満月のことを指しています。満月は丸く、そしてスッポンの甲羅も丸い形をしています。しかし片方は夜空に輝く美しいものであり、片方は泥の中に棲む生物であることから、明らかな違いがある場合に用いられます。**ポイントは「一見すると形は同じである」という点です。**類語には「提灯《ちょうちん》に釣鐘《つりがね》」があります。確かにこれらも見た目は似ています。

そして「雲泥の差」です。雲は天を、泥は地を表していることから、天と地ほどの差があるという意味で使われます。月とスッポンとの相違点は、**見た目は関係なく「明らかに歴然とした差がある状態」に用いられるという点です。**雲泥の差の類語は「鯨《くじら》と鰯《いわし》」です。明らかに大きさの違う様子が見てとれます。

「特徴」と「特長」

「特徴」も「特長」もどちらも「とくちょう」と発音します。日本の成人男性の平均身長は172cmであることから、次の例文を作ってみました。

まず「A君の特徴は、身長が190cmもあることだ」というように、**「特徴」とは良いか悪いかを区別するのではなく、その事柄や物事に対して目立っている所、際立っている所を示す場合に使用します。**例えばB君の身長が160cmしかなく、それをコンプレックスと捉えていても、特徴であることに変わりはありません。

そして「A君は身長が190cmもあるから、高い所に手が届くのが特長なんだ」というように、**「特長」とは、他と比べて優れている点を示す場合に使用します。**つまりは長所のことです。

ただし、A君が190cmの身長をコンプレックスだと感じているのであれば、特長にはならないかもしれません。しかし、他の人と比べて高い所に手が届くのは便利であることは間違いないでしょう。

「Disc」と「Disk」

写真や動画を保存するための各種記録用のメディアなどに「Disc」または「Disk」の名称が書かれています。これらはどちらも「ディスク」と発音します。

「Disc」とは記録用メディアのうち、「光学式メディア」のものを指します。つまり、**CD-RやDVD-R、ブルーレイディスクなどが光学式メディアと呼ばれるものです。**

「Disk」も記録媒体であることに変わりはありませんが、「磁気メディア」のものを指します。**今ではあまり使われないフロッピーディスクや、HDD（ハードディスクドライブ）などが磁気メディアになります。**

また、Discはイギリス英語、Diskはアメリカ英語から生まれたとされています。

定義的には、メディア方式の違いで分別されることがほとんどですが、メーカーによっては「音楽用記録メディアに対してはDisc、それ以外はDiskである」といった分け方もすることから、確実な定義はないようにも思われます。

「ドラキュラ」と「ヴァンパイア」

「ドラキュラ」も「ヴァンパイア」も、日本では広く知られた言葉です。どちらも吸血鬼のイメージがありますが、両者にはれっきとした違いがあるのです。

「ドラキュラ」は、アイルランド人作家であるブラム・ストーカーが1897年に出版した小説『吸血鬼ドラキュラ』に登場する男性の吸血鬼の名前です。

ドラキュラはルーマニア語で「竜の息子」を意味し、西洋では竜は「悪魔の化身」とされることもあります。この小説に出てくる登場人物の固有名詞であるため、**吸血鬼全般をドラキュラと呼ぶのは間違いなのです。**

吸血鬼全般を指すものは、英語で「ヴァンパイア」といいます。

ドラキュラには、そのモデルとなった実在した人物がいます。対してヴァンパイアは民話や伝説などに登場するものであり、日本でいうところのゆうれいや妖怪の類と同じと考えていいでしょう。

「寂しい」と「淋しい」

「寂しい」も「淋しい」も「さびしい・さみしい」と読むことができます。「さみしい」は「さびしい」が歴史とともに変化していき、新たに加わった読み方です。

両者の決定的な違いは、常用漢字であるか否かです。常用漢字に指定されている「さびしい・さみしい」は「寂しい」の方で、新聞や教科書、テレビのテロップなどでもこちらの漢字が使われます。

しかし、ニュアンス的にも両者の違いは感じ取れます。

「寂しい」は、街にひと気がなくてさびしい様子のように、**客観的な状況のさびしさを感じる際に使われることが多いようです。**

「淋しい」は、誰かに会いたくてさびしい様子など、心情的なさびしさを感じた際に使われ、**例えばラブソングの歌詞では「淋しい」の方が使われることが多いです。**

どちらの漢字を使っても心細い様子などを表す文字として間違いではありません。不安なら、常用漢字である「寂しい」を使うのが無難と言えるでしょう。

「取《とり》舵《かじ》」と「面《おも》舵《かじ》」

船を操縦する際には、丸いハンドルのようなものをクルクルと回します。その際に「取舵いっぱーい！」「面舵いっぱーい！」という掛け声を耳にします。

「取舵」は進行方向を左に向けることで、「面舵」は右に向けることを指します。

しかしなぜ、「取舵」と「面舵」という言葉を使うようになったのでしょうか。

昔の人は、方角を表すのに干支を用いていました。「取舵」は「酉《とり》」の方角（西）に進路を向けることから「酉舵」が「取舵」に変化したのです。

一方の「面舵」は、「卯《う》」の方角（東）に進路を向けることから「卯の舵」と呼ばれていましたが、それが徐々に転化して「おも舵」と発音するようになり、「面舵」の漢字が当てられました。

ちなみに単に「面舵」という場合は右に15度の方向を指し、「面舵いっぱい」では民間船では30度、軍艦では35度の方向へ進路を取ることをいいます。「取舵」「取舵いっぱい」では面舵の逆の左方向への角度となります。

「修業」と「修行」

どちらも技術などを集中して習得するイメージがあります。しかし、両者には明確な違いがあり、間違えて使うと誤解を生んでしまいます。**「修業」の意味を広辞苑で調べると「学問・技芸などを習いおさめること」とあります。**

例えば花嫁修業であったり、格闘技の修業などの場合はこちらの言葉を使います。冒頭でイメージしていた技術の習得はこちらの修業になります。

対して**「修行」は「悟りを求めて仏の教えを実践すること」を指すことから、修業とは全く別の意味になります。**例えば「仏教の修行」という使い方をします。

もうひとつの意味として、精神を鍛えて学問・技芸を習得するために、諸国を巡ることを指す言葉でもあります。例えば武者修行がこれに該当します。

このことから、誤って「修行してる」などと伝えてしまうと、言葉の意味を知っている人からしたら「大変なことをしているんだな」という誤解を与えてしまう可能性があるので、注意が必要です。

「色々」と「様々」

例えばファミレスへ行ったとき、メニューがたくさんあってどれを頼むか悩むことがあります。「たくさんある様子」を表す際に「色々」と「様々」という表現を使うことがありますが、両者にはどんな違いがあるのでしょうか。

「色々」は種類よりも、数にウエイトを置き、ある種類のものがたくさんあることを指します。

対して「様々」というのは、種類がたくさんある様子にウエイトを置いています。

つまりファミレスに行った際には、「このファミレスには様々なメニューがある」と言い、「ハンバーグ料理だけでこんなに色々ある」と言うのが好ましいのです。

もう一点違いを挙げるとするならば、「色々」は敬語として使用できないことが挙げられます。ビジネスメールや公的な文書にこの表現を使いたい場合は、「諸々」に言い換えると良いでしょう。

「習慣」と「慣習」

誰もが日々の生活において無意識のうちに行っているルーティンがあることでしょう。日記を書いたり散歩をしたり、その内容は人それぞれです。このようなことを「習慣」といいます。

「習慣」は最初から持ち合わせているものではありません。同じ行動を何度か取ることにより、その行動を「行わなければならない」と思うようになったとき、初めて習慣になります。

似た言葉で、習慣という言葉を反対から読んだ「慣習」があります。慣習は古くから受け継がれている伝統的なことなどに対して使われます。

習慣という言葉は個人的な行動に対して使用しますが、慣習は社会や集団に対して使用することがほとんどです。

ちなみに「風習」という言葉もありますが、これは村や地域など、その土地に古くから根付いている習わしを指します。よりローカルなものといえます。

「冒険」と「探検」

ジャングルや洞窟を調べるとき、新大陸を調査するとき、どちらの表現を使うのが正解でしょう。両者の違いは、使われている漢字から判断することができます。

冒険は「危険を冒す」と書くように、**危険を伴う、または危険を承知のうえで過酷な環境に挑み、調査をすることを指します。**

一方の探検は「検」の字が違うように、「探り調べる」という意味になります。つまり**深く調査することを指し、危険を伴うことはないのです。**

ただし探検の場合も少なからず危険を伴う場合があるため、意味として混合されがちなのです。ですが、あくまでも本来の意味は前述の通りであり、「冒検」とは書きませんし、「探険」とは原則として書きません。

英語にするとさらにわかりやすいです。冒険はアドベンチャーであり、探検はエクスプロレーションという少し聞き慣れない単語が該当します。

「塵《ちり》」と「埃《ほこり》」

毎日掃除をしていても、すぐに「塵」や「埃」が溜まってしまいます。

これらの正体は砂やダニなどの糞、布団などから発生する綿や人間のフケやペットの毛など、非常に多種に渡ります。掃除をする際は「ちりとり」や「ホコリ叩き」などを使う場合がありますが、そもそもチリとホコリはどう違うのでしょうか。

塵と埃の違いはその大きさにあるともいえます。

チリは辞書では「紙くず・ゴミ」と書いてあります。確かに「ちり紙」とも言うように、その大きさは比較的大きいと感じます。

一方のホコリは、辞書では「粉のようなゴミ」と書かれており、非常に細かなゴミであることがわかります。掃除をする際に目にするのはホコリの塊なのです。

この二つの言葉は小さな数を表す数詞として古くから使われており、「塵《じん》」は10億分の1を、「埃《あい》」は100億分の1を表すことからも、ホコリの方がより小さいゴミであることが言えます。

「整理」と「整頓」

部屋をキレイに整理するだけでなく、仕事をこなすうえでも頭の中で順序を整頓して行うと作業が捗ることでしょう。このように、日常生活を送るうえで整理整頓は重要です。整理も整頓も「散らかり乱れている物を片付ける」ことを意味します。しかし、実はこの二つの言葉は微妙に異なった意味を持ちます。

整理の「理」は「ことわり」とも読み、「物事の筋道」のことを意味します。このことから、**不要なものを捨てて整えることを意味します**。つまり、要らないものはゴミとして捨てましょうということです。

整頓の「頓」は「片付ける」という意味を持ちます。捨てるという意味は含まれず、徹底して片付けるということになります。ここでいう片付けるとは、**ものを正しい位置に戻すことも意味します**。

つまり、整理整頓とは要らないものを排除しつつ、ものを片付けるという意味になるのです。

「想像」と「妄想」

「もしあの人が自分の彼女になったら」「もし空を自由に飛べたなら」と、人間は日々想像や妄想を繰り返しています。

しかし、「想像」と「妄想」の境目はどこにあるのでしょうか。

「想像」とは、実際に体験していないことを思い描くことです。「想像どおりの結果」とは言いますが、「妄想どおりの結果」とは言わないように、**その思い描く内容は現実的なことに限定されます。**冒頭で述べた例文でいえば、「もしあの人が自分の彼女になったら」と思い描くのは「想像」といえるでしょう。

一方の「妄想」とは、想像とは対照的に**非現実的なことを思い描くことにあります。**「もし空を自由に飛べたなら」なんてことは羽の生えていない人間ではまずあり得ないことですので、これは「妄想」といえます。妄想の怖いところは、幻覚や被害妄想など、それを現実で起きていることだと思い込んでしまう精神疾患などが存在することです。想像は病気になりませんが、妄想は病気になり得るのです。

「様」と「殿」

文書でも口頭でも、他人を敬称で呼ぶ際に「様」や「殿」などを使用します。これらは一般的には次のような使い分け方をされています。

「様」は非常に便利な言葉のひとつです。男女、目上、目下、社内外など関係なく使用することのできる敬称です。**口頭でも文書でも問題なく使用できるので、使い分けがわからない場合はとりあえず使っておいて問題はありません。**

「殿」は口頭で使われることはなく、文書で使われるのが一般的です。「殿」は一見するととても偉い方に向けて使用する言葉と思われるかもしれませんが、全く逆の意味ですので注意が必要です。**本来は「目上の人から目下の人へ」向けられる文書に用いられます。**また別の使い方としては、団体（会社等）から個人へ宛てた文書に対しても使用されることがあります。

こうなると、お城に住む「お殿様」は偉いのか偉くないのか頭が混乱してしまいますね。

「対応」と「応対」

「対応」と「応対」は全く同じ漢字が入れ替わっているだけで、しかも使われる場面もほとんど同じため、意味も同じだと解釈している人がわりと多いようです。しかし当然ながら違いはあります。

結論からいうと「対応」と「応対」の使い分けは、その対象が人であるかどうかによって変わります。**「対応」の場合は、その状況の解決の方法を指します。**対して**「応対」の場合は、人に対しての接し方を指します。**つまり、来客の際の接客などは「対応」ではなく「応対」になります。

例えば、日常の仕事の中で最も多いのが電話でのシチュエーションです。相手から電話がかかってきた場合、それは「対応」でしょうか？「応対」でしょうか？

実は電話のシチュエーションには「対応」と「応対」の両方が含まれます。わかりやすく説明すると、電話を取る行為は「対応」になります。そして、その電話口で相手の要件を聞いたりする行為は「応対」になるというわけです。

「怒る」と「叱る」

もし目の前で子どもが悪いことをしていたとしたら、「それは悪いことだよ」と伝えなければなりません。子どもに限ったことではありませんが、教育を行うにあたって「怒るのではなく叱るべき」といわれています。

例えば静かにしなければならない場所で、子どもが騒いでしまったとします。最初のうちは「静かにしなさい」と注意していても、なかなか言うことを聞いてくれません。そうなると「いい加減にしなさい」と声を荒らげてしまいます。この場合、注意した側は感情的になっており、なぜ自分の言うことを聞いてくれないんだというイライラを子どもにぶつけていることになります。これが「怒る」です。

なぜ騒いではいけないのか、騒ぐとどういう結果になるのかなどといったアドバイスが含まれていれば、それは「怒る」から「叱る」へと変わります。

つまり、**自分の不満を感情的にぶつけるのが「怒る」であり、冷静な態度で相手のためを思ってアドバイスなどをすることを「叱る」といいます。**

「役不足」と「力不足」

「課長なんてあいつには役不足だ」という場合、相手を褒めているのか、けなしているのかどちらでしょうか?

「役不足」とは「役が不足している」のですから、与えられた仕事や役目などが「本人の力量では簡単すぎる」という意味になります。つまり本人の力量にふさわしくない仕事や役目であり、本人はもっと高度な力量や能力を持っていることを指します。従って、「役不足」は相手を褒めていることになります。冒頭の例でいえば「課長なんてあいつには役不足、部長として活躍してもらおう」という言い回しにすれば、周りから能力の高さを認められていることになり、褒め言葉であることがわかりやすいです。

そして、本当の意味で**「力量や能力が足りないようす」を表す場合は「力不足」**という言葉を使うのが正しいのです。「私の力不足により、仕事が期日内に終わりませんでした」といった具合に使用します。

本の「版」と「刷」

本の最後には、「奥付《おくづけ》」というページがあります。著者や出版社、発行日など本の情報と一緒に「版」や「刷」の数も記載されています。

まず**「版」は、その原版が何回修正、更新されたかを表します。**誤字脱字の修正はもちろんのこと、改訂による内容の差し替えなど、原稿が修正されることは多々あります。例えば「第4版」となっていた場合、様々な修正が加えられた4回目の原稿を使って印刷されたものであるということです。

そして**「刷」というのは、印刷された回数です。**例えば10万部のベストセラーを達成するまで、1万部が売れたら次を印刷するというふうに増刷を重ねていき、10万部に到達するのがほとんどです。その版で何回目の印刷か、という数が「刷数」になります。この刷数は版が更新されるとカウントがリセットされます。つまり初版のまま10回増刷されれば「初版　第10刷」、11回目の印刷時に、新版（第2版）になった場合には「第2版　第1刷」という具合に表記されます。

第6章 スポーツや人体

「力士」と「関取」

お相撲さんの呼び名は様々あります。

まず一般的な「力士」とは、相撲を取る人の総称です。

厳密には、相撲部屋に所属して四股名《しこな》を持ち、大相撲に参加している相撲取りを指します。つまりわんぱく相撲や女子相撲の相撲取りは、厳密には力士に該当しないことになります。

そして**「関取」とは、相撲の番付で十両以上の相撲取りのことを指します。**

相撲取りのことを指す言葉で間違いはないのですが、限定された範囲を指すことになります。十両に満たない相撲取りは「取的《とりてき》」といいます。

相撲の世界では十両に昇進することで初めて一人前と認められます。給料や手当てが支給されたり、大銀杏《おおいちょう》を結うことが許されたり、タクシーや飛行機のビジネスクラスを利用することができ、待遇が一気に変わります。

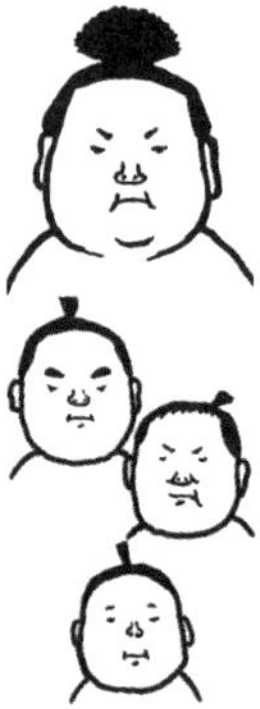

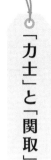

「裸足」と「素足」

どちらにも共通して言えるのは、靴下やストッキングなどの履物を付けていないという点です。違いはその先の行動によって分かれているのです。

「裸足」は履物を履かずに歩いたり、または履物を履いていない足そのものを指す言葉です。この場合の履物は、靴下だけでなく、靴やサンダル、下駄などのあらゆる履物が対象になります。例えば芝生の上を履物を脱いで走ることを「裸足で走る」といいますが、「素足で走る」とは言いません。

「素足」も履物を履いていない状態を指しますが、この履物は靴下やストッキングなど、下着に属する衣類に限られます。そして、それらの履物を履かずに靴を履いている状態や、サンダルや下駄を履いている状態が素足です。つまり「裸足のまま靴を履く」ことはありえず、「素足のまま靴を履く」のが正しい表現と言えます。

ちなみに「生足」とは、靴下やストッキングなどを履いていない「女性の足」を指す言葉です。

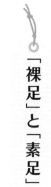

「シミ」と「そばかす」

男性もスキンケアをすることが珍しくない時代になりました。そうなると、やはり気になるのが顔のシミやそばかすです。一般的には太陽の紫外線によって皮膚が刺激され、皮膚の下にある真皮を守るためにメラニンが生成され、シミやそばかすになります。しかしメラニンを生成する要因はそれだけではなく、喫煙やストレスによってホルモンバランスが崩れ、メラニンが生成されてしまうこともあります。

シミとそばかすには様々な違いがあります。

シミは加齢によって発症し、高齢になるほどできやすいとされる後天性のものです。一般的にシミと呼ばれる「老人性色素斑」、頬の上あたりに左右対称にできる「肝斑《かんぱん》」、火傷やニキビ跡が原因でできる「炎症後色素沈着」、そしてシミの一種として「そばかす」があるのです。

そばかすは先天性のものです。遺伝による発症がほとんどで、幼少期にできやすく、歳を重ねると消えることが多いシミです。頬や鼻にかけて左右対称にできます。

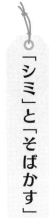

「汗」の3種類

汗をかく理由は体温調節のためです。

しかし、実は汗をかいて体温調節を行う動物は、人間と馬だけと言われています。発汗により人間はフルマラソンを完走するだけの持久力を持つことができ、さらに長距離を走り続けられる馬の持久力の源でもあるのです。全く汗をかかないような日であっても、成人で約500㎖もの量の汗を一日でかいているとされます。

最もポピュラーな発汗が「温熱性発汗」です。運動などをした際に、身体の熱を冷ます役割としてかく汗です。そして**同じく体温を調整する目的で「味覚性発汗」があります。**これは熱いものや辛いものを食べた際に発する汗のことです。これらの汗は全身の約300万ケ所に分布する「エクリン腺」という汗腺から滲み出ます。

そして**緊張や不安を感じた際にかく「精神性発汗」があります。**こちらは「アポクリン腺」と呼ばれる汗腺から発汗し、「冷や汗」や「あぶら汗」ともいわれる発汗です。

「ジョギング」と「ランニング」

健康を維持するためには適度の運動が必要です。

体力のない人でも、ウォーキングから始めてジョギングに移行していくのもいいかもしれません。しかし最初のうちからランニングをしてしまうと、体力の限界を感じて長続きしない危険性があります。

ジョギングというのは比較的ゆっくりと走ることを指します。一説には時速10㎞程度で走ることと定義されることもあるようですが、一般的に特に決まりはありません。複数人でジョギングをする場合は、おしゃべりをしながらでも走れる速度がジョギングとされます。

ジョギングをエクササイズと分類するのであれば、**対するランニングは極めてスポーツに近い運動です。**距離や時間や速度を決めてタイムを測定したりします。ランニングはマラソン選手が強化メニューに取り入れたりするほどですので、ジョギングに比べると過酷な運動になります。

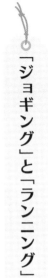

「ニキビ」と「吹き出物」

「ニキビ」は、医学的な正式名称を「尋常《じんじょう》性痤瘡《せいざそう》」といいます。

ニキビは皮脂が過剰に分泌することで毛穴が詰まり、ニキビの原因となるアクネ菌がその皮脂をエサにして増殖し、炎症を起こした状態です。

同じような症状で「吹き出物」と呼ばれる症状があります。実はニキビと吹き出物の違いは、どの年代で発症するかでわかれるのです。

ニキビは「青春のシンボル」ともいわれるように、10代の思春期に発症したものを指します。一方の吹き出物は、大人になってから発症したものを指すのです。ニキビはおでこや鼻などのTゾーンにできやすく、吹き出物はそれ以外のUゾーンにできやすいとされます。ニキビは思春期のホルモンバランスの関係から、吹き出物は日々のストレスによってできやすいともいわれます。

いずれも皮脂の過剰分泌によるものという点は変わりありません。生活習慣を正し、ホルモンバランスを正常に整えることが予防に繋がります。

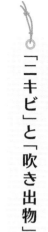

「ファン」と「サポーター」

例えば「プロ野球チームのファン」と言いますが、「プロサッカーチームのファン」とは言いません。サッカーチームの場合は「サポーター」と称されます。日本サッカー協会（ＪＦＡ）によると、**サッカー全般を好きな人を「ファン」、熱狂的なファンや特定のチームを支持している人を「サポーター」と区別しているそうです。**

サッカーチームやサッカークラブは、野球に比べると地域により密着していることが多く、町おこしにも繋がっているケースがあります。そのため、「ファン（愛好家）」よりも強い意味の「サポーター（支持者）」という言葉が使われるそうです。

ちなみにサッカーでは「フーリガン」という言葉も耳にします。

これは各チームのサポーター同士で争いが起こるなどで、暴徒化した集団のことを指します。海外では熱狂的なサポーターが多く、暴動が起こりやすいスポーツでもあります。

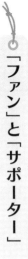

「体」と「身体」

「からだ」を表す漢字は、「体」「身体」「體」「躰」「軀」と、様々な種類が存在します。文脈によって肉体全般を指すのか、胴体を指すのかなど、意味合いが微妙に変わってきますが、一般的に「体」と「身体」を用いることがほとんどです。

基本的に体も身体も同義とされますが、この両者の明確な違いといえば、**「身体」は動物には使用せず、人間の肉体を表す場合に使うという点です。**「体」と区別する場合に、「しんたい」と読むこともあります。

人間の肉体だけでなく、心の働きも含めて「心身ともに」という意味を表したい場合に、「身体」という漢字を用いるのも間違いではありません。

「身」という言葉は、「地位」や「立場」といった意味も持ち合わせています。地位や立場といった概念があるのは人間だけと考えられるので、「身体」は人間のからだを表す場合に用いるのが正解といえるでしょう。

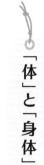

「フィギュアスケート」と「スピードスケート」

冬季オリンピックの人気種目でもあるスケート。スケートには美しさを競う「フィギュアスケート」と、速さを競う「スピードスケート」があります。歴史をさかのぼると、どちらのスケートも発祥は同じ時代であることがわかります。

そして中世ヨーロッパの時代に、スケートは貴族や庶民の中で娯楽として発展していきました。しかしその後、階級の違いによって、スケートの発展は全く違う方向へと進化を遂げたのです。

貴族階級の間で、いかに優雅に美しく滑ることができるのかを競うよう発展したのがフィギュアスケートです。現代のフィギュアスケートは演技の美しさや技の難易度などで競われますが、かつては氷上にスケート靴の刃を使って、滑りながらスペードやハートなどの図形を描く競技として楽しまれていたのです。

そして**農民階級の間で、冬に凍った運河の上をいかに早く移動することができるのかが競われるようになって発展したのがスピードスケートなのです。**

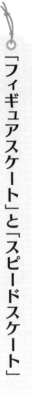

「細菌」と「ウイルス」

コレラや結核、インフルエンザやノロウイルスなど、細菌やウイルスが原因の病気は数多く存在します。細菌もウイルスも、肉眼で視認することは不可能な大きさですが、ウイルスは細菌の10〜100分の1ほどの大きさしかなく、より小さいのも特徴です。しかし、決定的な違いがその増殖法にあります。

細菌は単細胞生物です。細胞を持っているため、水分や栄養素があるような、**適切な環境下であれば自身で増殖することが可能です。**

しかしウイルスはそうはいきません。**ウイルスは自身で増殖することができないため、他の細胞に寄生して増殖を繰り返します。**ウイルスに感染された細胞は細胞内で増殖したウイルスによって結果的に死滅し、増殖したウイルスはまた他の細胞に寄生するため、爆発的に増加します。

また、抗生物質が効くのは細菌であり、ウイルスにはワクチンを接種して感染や発症、重症化を予防する対策がとられます。

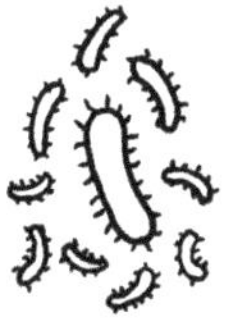

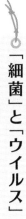

「死体」と「遺体」

どちらもこの世を去ってしまった方を意味する言葉ですが、厳密に使い分け方があるのでしょうか。

辞書で引いてみると、死体は「死んだ人間・動物のからだ。生命の絶えた肉体」、遺体は「死んだ人のからだ。なきがら」とあります。

これでは全く同意義であると感じてしまうかもしれません。しいて違いを挙げるならば、動物は遺体には含まれていない点です。

この他にも遺体の意味について重要な記述が一点あります。それは「魂が去って遺《のこ》された身体の意」ということ。

死体はそれ自体を物として扱うような言い回しですが、**遺体の場合は死体よりも丁寧な言い方で、その人の人格性を込めています。**

マスコミなどでは、身元がわかっているものを遺体、身元不明なものを死体と区別して使う場面が多く見られます。

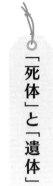

「重傷」と「重体」

「重傷」といった表現は、警察と消防関係の報道等で使われる用語です。ケガは、その度合いによって「重傷」「中傷」「軽傷」の3種類に分類されます。

警察では「中傷」はなく、交通事故によってその被害の大きさで重傷と軽傷の2種類で分類されます。「重傷」は1ヶ月以上の治療を、「軽傷」は1ヶ月未満の治療を必要とするケガを負った状態を指します。

消防では、「重傷」は3週間以上の入院が必要なケガを負った状態で、「軽傷」は入院の必要がないケガ、「中傷」はその中間のケガということになります。

「重体」は主にマスコミ、医療関係によって使用される用語です。

今すぐに緊急手術が必要なレベルで、重傷よりもさらに重い症状であると言えます。

「寝る」と「眠る」

睡眠は栄養の摂取よりも重要とされ、実験では食事をとらないより睡眠をとらない方が、早く死に至ることが確認されています。

寝るという行為は、単に体を横にする、寝ころぶという意味があります。寝るという漢字を使う言葉に「就寝」がありますが、この意味は「寝るため床に入ること」です。つまりは意識がある状態をいいます。

対して**眠るという行為は、意識を失っている状態、つまりは睡眠をとっている状態をいいます。**

寝るの対義語は「起きる」です。体を起こすとも言うように、横になっている状態からの変化を表します。

眠るの対義語は「覚める」です。目覚めると言うように、眠りの状態から覚醒することを表します。

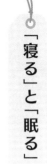

「心肺停止」と「死亡」

心拍数、呼吸数、血圧、体温からなるバイタルサインの確認。そして心臓と呼吸の活動停止。瞳孔に光を当てた際の反応。これらの判断基準から「死亡」という判断が下されます。しかしニュースを見ていると「心肺停止で病院へ搬送されました」という表現がほとんどであることに気が付くはずです。

確かに、心肺停止が確認されている状態でも、心肺蘇生法やAEDを用いた蘇生を試みれば復活する可能性もあります。しかし心肺停止から約8分が経過すると、蘇生の可能性は極めて低いのが事実であり、マスコミ報道では明らかにその時間を超過していたとしても「心肺停止」という表現が使われます。

これは、**心肺停止状態は一般人であっても誰でも判断可能であるのに対し、死亡宣告は医師または歯科医師のみが判定できる医療行為だからなのです。**

しかしこれは日本国内のマスコミ報道に限ったルールであり、外国では当たり前のように「死亡」という意味の言葉が使われます。

「全治」と「完治」

事故やケガで「全治○週間」という表現を見ることがあります。また、ケガが治った際は「完治した」と表現します。「ケガが全部治る」から「全治」というのでしょうが、「完治」との違いは何なのでしょうか。

「完治」とは、その文字通り「ケガが完全に治った」という意味です。しかし「全治」は「全有効治療期間」の略であり、「治療にかかる期間」という意味になります。つまり**全治するまでの期間は、「病院に通院する必要のある期間」であり、ケガが完全に治ったことを意味するわけではありません。**ゆえに「全治した」とは言わないのです。

例えばスポーツ選手が骨折をしたとしましょう。骨が正常な状態に戻るまで通院をしなければいけません。この期間が「全治」するまでの期間です。しかし全有効治療期間を経過したからといって、ケガをする前のポテンシャルで競技ができるとは限りません。競技に対して何ら支障がなくなった状態を「完治」というのです。

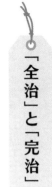

「ひねる」と「ねじる」

「ひねる」も「ねじる」も、漢字では同じ「捻る」と書きます。両者に「回す」という意味が含まれていることは間違いありません。その違いは力加減や回数などによります。

「ひねる」は、「軽く・一定方向に・一度だけ」という意味合いがあり、指先で摘んで回すような場合を指します。**勝負で相手を「ひねり潰す」と言うのは、簡単に勝ってしまう様子を表します。**

対して「ねじる」は、「強い力で・繰り返して」という意味合いがあり、場合によっては両手を使って力一杯回すような場合を指します。**「ねじ曲げる」とも言うように、複雑にという様子が思い浮かびます。**

足首を捻挫した際に、病院の先生に対して「ひねると痛いです」というのは正しいですが、「ねじると痛いです」と言うと、「それは当然でしょう」と返答されることでしょう。

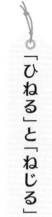

「軟膏」と「クリーム」

皮膚に対して薬を塗布することを皮膚外用療法といいます。スプレータイプのものや湿布などもありますが、特に皮膚トラブルの際には軟膏やクリームが機能します。軟膏もクリームもペースト状になる基本成分（基剤）に、症状を治すための有効成分を混ぜて作られます。両者の使い分けはどのようにすれば良いのでしょうか。

軟膏はワセリンなどの油性の基剤がもとになっているため、ベタつきが強いです。それゆえに**保湿力が高く、どんな患部にも万能に塗ることができます。**一般にクリームよりも刺激が弱いため、肌の弱い人が使うのにも向いています。

クリームは油性の基剤に加え、グリセリンなどの水分が含まれています。**水分が含まれているためにベタつきが少なく、水でも簡単に洗い落とすことができます。**しかしその反面、汗でも落ちてしまいます。また、一般に軟膏よりも刺激が強いため、乾燥した患部に塗ることを目的に作られています。

傷の具合、肌の強弱によって使い分けるのが最適といえます。

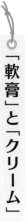

「入れ墨」と「タトゥー」

日本ではまだまだ理解が浅いですが、若者を中心にタトゥーを体に刻む人が増えています。タトゥーの理解が深まらない理由のひとつとして、やはり暴力団のイメージがついて回るからでしょう。しかし暴力団がタトゥーを入れているとは言いません。暴力団が入れているのは入れ墨であり、微妙な表現の違いがあります。

日本の「入れ墨」はかなり古くからの歴史があります。宗教的意味合いやファッション、自己表現に用いられる以外にも、刑罰の一種として額に文字を彫る地域もありました。江戸時代に入ると、浮世絵の文化も栄えたことから、美意識から入れ墨を入れることが流行したようです。

入れ墨を英語で「タトゥー」といいます。入れ墨との明確な違いは定義されていません。しかし入れ墨が和彫りで手彫りのイメージがあることに対し、タトゥーは様々な図柄があり機械彫りのイメージが根付いています。あくまでもイメージによる違いでしかなく、肌を傷つけて色を入れるという点に相違はありません。

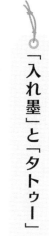

「ゴルフ場」と「カントリークラブ」。

ゴルフの発祥はイギリスという説が有力ですが、他にもスコットランドやオランダ、果ては中国まで、複数の説があり、定まっていません。

日本でも昔からゴルフは盛んに行われ、狭い島国に次々とゴルフ場が誕生しました。2200ケ所を超えるほどのゴルフ場が存在し国土面積の広いアメリカやカナダに次いで、世界第3位の数です。

中には「ゴルフ場」ではなく「カントリークラブ」と名前が付いているゴルフ場が多く存在しますが、その違いは施設の規模によって区別されます。ゴルフ場はその名の通りゴルフを楽しめる施設ですが、**カントリークラブは本来、ゴルフの他にもテニスや水泳などの多岐にわたるスポーツを楽しめる総合複合施設を指します。**

しかしこれは海外でのこと。日本国内では「カントリークラブ」と名の付くものの、ゴルフしか楽しめない施設である場合が圧倒的に多いのです。

「熱射病」と「日射病」

一昔前は、体育の授業や部活動中に水分を取ることは甘えと見なされていました。しかし水分補給の重要性が見直されると、この悪しき慣習もなくなりました。

よく耳にする言葉として、熱中症や熱射病、日射病などがあります。いずれも暑熱の環境下でよく起こり得ることですが、これらの違いは何でしょうか？

熱中症とは、高温によって引き起こされる障害や症状の総称です。国際的には「熱失神」「熱痙攣《けいれん》」「熱疲労」そして「熱射病」の4種類に分類されます。

熱射病は体温が40℃を超える非常に危険な状態の症状です。その発生原因として、閉め切った室内や車の中など、**高温多湿の環境で発症した場合を「熱射病」と表現します。**症状は同じですが、**直射日光の下で発症した場合を「日射病」と区別していました。**

しかし近年ではこの2つを分ける必要性が感じられなくなり、熱射病に統一されつつあります。

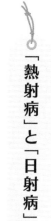

「八重歯」と「犬歯」

八重歯をカワイイと感じるのは日本人だけともいわれ、欧米ではあまり良いイメージはないようです。

多くの場合は犬歯（糸切り歯・尖頭歯とも）が八重歯になりますが、八重歯＝犬歯ではありません。**八重歯は他の歯とキレイに横並びになっておらず、前方に飛び出した歯のことをいうため、犬歯に限った話ではないのです。**

犬歯は犬の歯のように尖っていることからその名が付きました。つまりは牙であると言えます。他の歯と比べて根も深く丈夫に作られており、歯としての寿命も最も長いです。しかし乳歯から永久歯に生え変わる際、周囲の歯よりも生え変わるタイミングが遅いため、生えてくる頃には犬歯が生えるための十分なスペースがないことが多く、八重歯になってしまうのです。

男性に比べて女性の方が永久歯への生え変わりが早いです。しかし顎は未発達のままなので、犬歯が収まりきらずに八重歯になってしまうケースが多いようです。

「屁」と「おなら」

屁は飲み込んだ空気や消化活動の際に発生するガスです。また、食べた物によって分解時に臭いの元となる成分が発生します。平均的に大人は1日に合計0.2〜2リットルの量の屁を作るとされ、7〜20回も放出するとされます。

放屁の言い方で一般的なのが「屁」と「おなら」ですが、これらに違いがあることを知っていますか？

「おなら」は「お鳴らす」が縮まった言葉で、音を鳴らし放屁することを言います。一方の「屁」は音のしない放屁を指します。江戸時代にはわかりやすいように「すかしっ屁」という言葉が生まれました。

人前でおならをする行為は恥ずかしさもありますが、失礼な行為にも当たります。アフリカ南東部にあるマラウイ共和国では「公序良俗を遵守する」という目的で、2011年に公共の場所での放屁を禁止する法案が提出されたこともあり、放屁は他人に対して非常に失礼な行為であると捉えられているようです。

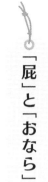

「うつ伏せ」と「腹ばい」

実際に体を動かしてみましょう。結果的にどちらもお腹を下にして寝転ぶような格好をするでしょう。しかし、ちゃんとした違いがあるのです。

伏せるという言葉が使われているように、「うつ伏せ」はお腹を下にしたベタッと地面に横になる様子を表しています。そして「腹ばい」は「腹で這う」と書くように、こちらもまたお腹を下にして地面に横になる様子を表しています。

一見すると違いはないように思われますが、ポイントは頭にあります。うつ伏せの場合は頭も地面につくようにしなければいけません。一方の腹ばいは、「赤ちゃんが腹ばいで歩く」ともいうように、頭は上げていてもいいのです。

頭を上げているか否かではなく、全く異なる区別方法もあるようです。それが、意識の有無です。意識がある場合は腹ばい、意識がない（眠っている）状態の場合はうつ伏せ、と区別されるようです。これも意識があれば頭を上げられるし、意識がなければ頭を上げられないということなのでしょうか。

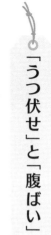

バレーボールの「アタック」と「スパイク」

時間差攻撃やクイック攻撃など、バレーボールの攻撃方法には様々なバリエーションがあります。実はこれらの攻撃方法は日本チームによって誕生しました。海外チームと比べると、身長差や手のリーチの長さで明らかに不利な日本は、技術によってその差を埋めようとしたわけです。

「攻撃」を競技用語に直すと「アタック」となります。アタックは相手チームへ攻撃する動作全般を指します。具体的にはサーブとブロックを除いたボール運びのことで、**アタックという総称の中に「スパイク」も含まれているのです。**

それではスパイクがどのような攻撃方法なのかというと、ジャンプして相手チームのコートにボールを打ち込む攻撃のことをいいます。時間差攻撃やクイック攻撃とはその一連の流れを指すわけで、最終的にはスパイクで打ち込みます。手首のスナップを最大限に活かし、高い打点から力一杯に繰り出されるスパイクは、アタックの中でも花形の攻撃方法といえるでしょう。

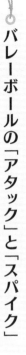

「号泣」と「むせび泣き」

映画館で感動のあまり大号泣してしまったことはありますか？　もしあるとするならば、迷惑な行為になっているかもしれません。声を押し殺して涙を流している状態は「号泣」ではなく「むせび泣く」といいます。号泣の「号」は、「怒号」という言葉にも用いられるように、「大きな声」という意味があります。つまりは映画館で号泣するということは、声をあげて泣き叫んでいることになります。

似た言葉で「大泣き」というものがあります。こちらは「激しく泣く」、「大声で泣く」という意味があります。**映画館では余程のことがない限りは号泣を避けた方が良いでしょう。**

ちなみに悲しみの感情などから鼻をすするように泣くことは「すすり泣く」といいます。「むせび泣く」と同じように声は出さないで泣くことですが、涙を大量に流しているのならば「すすり泣く」ではなく「むせび泣く」になるでしょう。

本書は、本文庫のために書き下ろされたものです。

曽根翔太（そね・しょうた）

1985年新潟県新発田市生まれ。大好きな雑学で、一人でも多くの方を「なるほど！」と思わせたい気持ちから、雑学共有サイト「GakuSha」を運営する。常に雑学の「おもしろネタ」を発掘・収集して、サイトや書籍で発信している。

著書に『今すぐ話したくなる知的雑学　知識の殿堂』『知っていると差がつく知的雑学知識の博覧会』（以上、彩図社）、『考える雑学』（だいわ文庫）。

著者サイト　https://gaku-sha.com/

知的生きかた文庫

「この差《さ》」って何《なん》だ？

著　者　曽《そ》根《ね》翔太《しょうた》

発行者　押鐘太陽

発行所　株式会社三笠書房

〒一〇二─〇〇七二　東京都千代田区飯田橋三─三─一

電話〇三─五二二六─五七三四〈営業部〉

〇三─五二二六─五七三一〈編集部〉

https://www.mikasashobo.co.jp

印刷　誠宏印刷

製本　若林製本工場

ISBN978-4-8379-8737-6 C0130

C50429